Thailand entdecken - Eine Einladung

von Julius Gregor

1. Auflage September 2016

ISBN-13: 978-1537697277

Covergestaltung: Uwe Klein

Grafiken von pixabay.com/de

Über den Autor

Der Autor, 40, bereist Asien bereits seit 20 Jahren, und seit nun fünf
Jahren lebt er ganz hier, wobei Thailand mehr als nur seine zweite
Heimat geworden ist. Er behauptet nicht, dass er Thailand und
Südostasien bereits verstanden hätte, aber er ist aufmerksam und lernt
und möchte, dass die, die hier her in den Urlaub kommen, so viel wie
möglich von ihrem Verweilen hier haben und den Thais dabei so wenig
wie möglich auf die Füße treten. Denn Unwissenheit ist zwar eine
Erklärung, aber noch keine Entschuldigung dafür, wenn man sich in
einer fremden Kultur wie ein Elefant im Porzellanladen benimmt.

Über das Buch

Dieses Buch ist alles andere als ein Reiseführer. Sie werden hier nicht einen einzigen Tipp dazu bekommen, in welche Ecken in Thailand Sie am besten reisen sollten oder an welchem Strand Sie die schönste Aussicht genießen können. Ihnen wird hier nicht vorgekaut, was Sie in Thailand alles unbedingt erleben müssen und Ihnen läuft auch keiner mit dem ausgestreckten Mahnfinger hinterher und belehrt Sie, wie Sie sich zu benehmen haben.

All das will dieses Büchlein nicht, sondern es möchte Sie zuallererst dazu ermuntern, nach Thailand zu reisen. Zusätzlich will es Sie mit ein paar gutgemeinten Ratschlägen ausrüsten, welche Ihnen im ´Land des Lächelns´ weiter helfen können, während Sie es auf eigene Faust entdecken. Denn die Fremde kann manchmal etwas befremdlich sein und das, was Sie davor bewahrt, steht normalerweise nicht in herkömmlichen Reiseführern.

So ist dieses Büchlein auch als eine Ergänzung gemeint zu dem, was Sie woanders alles über dieses Land und seine Menschen lesen können. Es ist eine umfangreiche Fußnote, wenn Sie wollen, welche Sie mit einigen Hintergrundinformationen versorgt, die Ihnen Ihre Reise leichter, schöner und voller an Eindrücken machen. Und diese Ratschläge und Tricks, diese Betrachtungen und Erfahrungen in diesem Büchlein stammen alle aus erster Hand – von einem, der auszog, in Thailand zu leben. Sie können davon profitieren oder auch nicht. In jedem Fall wird Ihnen die Lektüre vor oder während oder nach Ihrer Thailandreise Vergnügen bereiten. Denn ein gut informierter Reisender hat immer mehr von der Reise als einer, der unwissend in die Welt hinausgeht.

Inhaltsangabe

Welcome to Thailand

Welcome to Thailand – was sich für diejenigen, die noch nicht in Thailand waren und hier so ihre Erfahrungen sammeln konnten, anhört wie eine freundliche Begrüßung im ´Land des Lächelns´, ist in Wirklichkeit ein geflügelter Ausdruck derer, die schon öfter hier gereist sind oder die hier als Auswanderer leben. *Welcome to Thailand* ist dabei meist ironisch gemeint, aber (fast) immer auch liebevoll und die *Farangs* benutzen ihn, um auf einen Umstand oder eine Skurrililät aufmerksam zu machen, die es wirklich auch nur in Thailand geben kann.

Was ein *Farang* ist, fragen Sie sich? Auch dieses Wörtchen werden Sie vom ersten Moment Ihrer Landung an hier öfter hören, wenn Sie mal darauf achten. Und um es kurz zu machen: Ein Farang ist jeder, der kein Thai ist oder aus einem der Nachbarländer kommt. Ob schwarz, bleichgesichtig, Japaner, Araber oder ein sonnenverbrannter Tommy – alles Farangs. Da kann man hier auch schon seit 20 Jahren leben, eine Thai geheiratet und Kinder mit ihr haben, ein gut gehendes Restaurant führen und festes, ehrbares Mitglied der Dorfgemeinschaft sein, man ist und bleibt der *Farang*. Sie mögen fließend Thai sprechen und wenn Sie mit Thais zusammen sitzen und sich diese über Sie unterhalten – und Sie verstehen ganz genau, was sie sagen – dann nennt man Sie immer noch den *Farang*.

Das ist aber nicht böse gemeint. Im Gegenteil: Es ist zwar keine Anerkennung und auch kein Titel, aber die Thais benutzen das Wort mit einer Selbstverständlichkeit in Ihrem Sprachgebrauch, welche nahelegt, dass man als *Farang* durchaus willkommen ist, solange man sich ein wenig anpasst. Das deutsche Wort *Ausländer* zum Beispiel hat einen wesentlich negativeren, bittereren Beigeschmack als das nette Wörtchen *Farang*.

Die Farangs, die, die Thailand schon ein bisschen kennen jedenfalls, die sagen *Welcome to Thailand*, wenn mal wieder das typisch thailändische Lebensgefühl sehr offensichtlich wird. Ein Beispiel: Sie kommen in ein völlig leeres Restaurant und setzen sich mit einem freundlichen Hallo an einen Tisch. Sage und schreibe fünf Bedienungen sitzen ebenfalls herum und texten in ihre Smartphones eifrig Nachrichten oder gucken eine ihrer heißgeliebten Seifenopern in dem obligartorischen, hochmodernen Flachbildschirm, der IMMER läuft. IMMER! Und keiner der fünf wird den Blick von den diversen flimmernden Bildschirmen wenden, um Sie zu empfangen. Das nämlich muss solange warten, bis einer der fünf mit texten fertig ist oder eine lästige Werbepause die Seifenoper unterbricht. DANN, vielleicht, kommt eine Bedienung an Ihren Tisch geschlurft. Und das ist dann *Welcome to Thailand*. Hier ticken die Uhren eben anders und Service am Kunden wird solange nicht großgeschrieben, wie einem der Manager oder die Chefin nicht im Nacken sitzt oder Sie einem der Bildschirmbegeisterten nicht ein Kompliment über ihre Frisur in lupenreinem Thai machen. Und das meinen die Bedienungen auch gar nicht persönlich gegen Sie, sondern so ist das eben. Das ist Thailand. Welcome!

Sie fahren ohne Helm Motorrad? Stecken Sie dem Polizisten unauffällig 200 Baht zu, denn nur deshalb hat er Sie angehalten. Welcome to Thailand. Sie fragen sich, warum im Taxi ein Aufkleber hängt, auf dem steht: ´Fart in the car to add 150 Baht´ - oder mit anderen Worten: ´Wenn Sie im Auto furzen macht das 150 Baht (3,50 Euro) extra´? Der hängt da nicht etwa, weil der Taxifahrer gierig ist oder eine zu empfindliche Nase hat, sondern weil das typischer Thai-Humor ist, der einem Fahrgast aus Deutschland, Österreich oder der Schweiz vielleicht ein wenig speziell vorkommt. Welcome to Thailand. Ihnen fällt im Beisein von ein paar Thais ein riesiger Gecko von der Decke mitten auf das Gesicht und Sie erschrecken sich zu Tode, die Thais aber reichen Ihnen die Hand, fassen Sie an und beglückwünschen Sie, anstatt mit Ihnen zu fühlen? Geckos gelten hierzulande nämlich als gorßartige Glücksbringer und Ihnen kann gar nichts besseres passieren, als dass ein Riesenexemplar mitten in Ihrem Gesicht landet. Zur Not tut´s auch, wenn er nur mal kurz...auf Sie kackt. Welcome to Thailand.

Je länger Sie in Thailand verweilen, desto offensichtlicher wird es, dass hier einiges ganz anders läuft als daheim. Verstehen Sie mich nicht falsch, das System hier ist mehr oder weniger dasselbe. Kapitalismus und globale Zwänge beeinflussen die Arbeitswelt und politische Entscheidungen. Aber im Detail wird es dann nach und nach immer deutlicher, dass wir hier Fremde sind, die viel zu beobachten und noch mehr zu lernen haben, wenn wir alles verstehen und alles richtig machen wollen. Vielleicht reicht ein ganzes Leben auch nicht aus, um alles in diesem herrlichen, aber ebenso komplizierten Land zu verstehen. Aber das müssen Sie auch gar nicht, wenn Sie hier zum Urlaub her kommen. Aber egal, ob Sie zwei Wochen Pauschalurlaub am Strand gebucht haben oder für 6 Monate mit dem Rucksack hier unterwegs sind – ein paar Tipps abseits der großen, orangefarbenen Reiseführer werden Ihnen sicher hilfreich dabei sein, Ihren Aufenthalt und das Miteinander hier noch mehr zu genießen.

So möchte ich mich im Folgendem auch nicht missverstanden wissen. Dies ist ist kein Reiseführer und ich will Ihnen auch nicht sagen, wie Sie am besten in Thailand zu reisen haben. Ich möchte Ihnen vielmehr einige Ratschläge und Denkanstösse mitgeben, die Sie betreffen, wenn Sie nach Thailand reisen.

Wenn Sie schon einmal hier waren, finden Sie einige Vermutungen ihrerseits sicherlich bestätigt, einiges wird vielleicht (hoffentlich) auch Ihnen neu sein. Wenn Sie noch nie in Thailand waren, nehmen Sie diese Seiten als eine willkommene Lektüre, nicht, um der Super-Traveller zu werden, sondern nur für sich persönlich den Blickwinkel vielleicht einmal woanders hinzurichten, als die meisten anderen Reisenden es tun.

Und zuallererst richten Sie mal den Blickwinkel auf sich selber und weg von den ganzen Erwartungen, die Sie an die Reise haben. Genießen Sie auf diesen Seiten einfach mal ein paar Eindrücke und Gedanken zum Thema ´Reisen in Thailand´, die Sie ein wenig von den ausgetretenen Touristenpfaden fortlocken sollen. Im besten Fall sind sie amüsant und unterhaltsam. Im noch besseren Fall erweitern sie ein wenig Ihren Horizont, bevor Sie überhaupt hier landen. Aber in jedem Fall helfen Sie Ihnen, Thailand etwas besser zu verstehen. Und was will man mehr, wenn man ans andere Ende der Welt reist? Ein wenig mehr Verständnis von sich und der Fremde.

Ich packe meinen Koffer für Thailand...

In jedem Reiseführer und auf unzähligen Internetseiten und Facebookgruppen, die sich mit Thailandreisen beschäftigen, finden Sie nicht nur komplette Listen mit Dingen, die Sie in Ihren Koffer respektive Rucksack einpacken sollen, sondern auch unzählige gute Ratschläge diesbezüglich. Warum also sollte ich das hier jetzt wiederholen, fragen Sie sich vielleicht. Ganz einfach: Weil ich diese Ratschläge nicht wiederholen werde, sondern Ihnen ganz andere geben will. Manche davon werden Sie vielleicht noch nie gehört haben, denn sie entspringen meiner ganz persönlichen Erfahrung. Sie müssen sich ja auch nicht daran halten, aber lesen Sie sie einfach kurz durch. Vielleicht macht der eine oder andere Ratschlag ja doch einen Sinn für Sie.

- Alles über 12 Kilogramm ist Körperverletzung

Wenn Sie nach Thailand reisen, dann kommen Sie hierher, um Urlaub zu machen oder Erfahrungen zu sammeln, die Sie daheim nicht machen können. Und schon Buddha hat gelehrt, dass Besitz belastet. Und wenn man auf Reisen ist, dann ist das auch ganz wörtlich zu verstehen und nicht etwa als Aufruf, ein minimalistisches, entbehrungsreiches Leben zu führen – schon gar nicht im Urlaub. Aber glauben Sie mir, Sie werden das ganze Zeug, das Sie vielleicht aus welchen Gründen auch immer mitschleppen wollen, nicht brauchen. Das meiste davon werden Sie nicht einmal in die Hand nehmen, während Sie auf Reisen sind. Vor allem aber müssen Sie es selber durch die Gegend tragen, sofern Sie keinen High-Class Urlaub mit Fahrer und Scherpa gebucht haben. Sie wollen vom Guesthouse zum Busbahnhof? Tragen Sie mal bei 33 Grad Celsius im Schatten 20 Kilo auf zwei Koffer oder Rucksäcke verteilt. Und auch wenn das natürlich durchaus möglich ist, ist es dennoch alles andere als schön. Reisen Sie lieber leicht und lassen den ganzen Klump zu Huase, wo er hingehört. Sie müssen Ihren Fön nicht mit nach

Thailand bringen und auch von dem Stapel handverlesener Bücher werden Sie höchstens die Hälfte lesen. Holen Sie sich lieber ein E-Reader oder nutzen Sie die immer noch zahlreich vorhandenen Book-Shops, wo gebrauchte Bücher verstauben. Da findet man immer etwas.

- Der Urlaub ist kein Laufsteg-Event

Lassen Sie um Buddhas Willen bitte Ihre Sommergarderobe daheim. Was wollen Sie damit in Thailand? Auf der Hälfte der T-Shirts und Shorts und Kleider, die Sie vielleicht einpacken wollen, steht sowieso *Made in Thailand* auf dem Nackenschildchen. Warum wollen Sie Ihre abgetragenen Sommerklamotten wieder dorthin zurücktragen, wo sie hergekommen sind? Das ist bizarr, denn: Sie werden hier so oder so einen ganzen Stapel neuer Sommerklamotten kaufen, weil diese hier erstens extrem günstig sind und zweitens, Sie diese in keinem noch so gut aufgestellten Geschäft zu Hause finden können. Packen Sie nur das Allernötigste ein, für die ersten Tage. Den Rest werden Sie hier kaufen, ob Sie nun schon einen Koffer voll mitgebracht haben oder nicht. Das geht jedem so, der hier her kommt. Auch drei Paar Schuhe braucht hier kein Mensch, denn Sie werden sich ein Paar Flip Flops kaufen und sowieso nie Schuhe anziehen. Das machen hier alle so, weil es einfach praktisch und bequem ist. Sie werden Ihre Wanderschuhe nicht brauchen, es sei denn Sie gehören zu den ganz ganz wenigen, die tatsächlich auch wandern gehen. Sie müssen aber nicht auf alles vorbereitet sein, wenn Sie nach Thailand reisen. Im Zweifelsfall können Sie das, was Sie an Klamotten oder Schuhwerk brauchen, auch hier kaufen – für einen Bruchteil dessen, was es daheim kostet.

- Das Thema Reiseapotheke

In jedem Reiseführer gibt es ein ganzes Kapitel samt einer genauem Aufstellung dessen, was sich diese Spezialisten so einfallen lassen, wenn es um Ratschläge für eine Reiseapotheke geht. Da wird vom Breitband-

Antibiotikum über Kopfschmerztabletten bis hin zum Verbandszeug und Tabletten zur Trinkwasseraufbereitung alles Mögliche genannt. Nur eines erwähnen diese Spezialisten meistens mit keinem Wort: Was soll der Scheiss eigentlich? Thailand, und sei es der letzte Winkel an der kambodschanischen Grenze, ist doch nicht Swasiland. Die medizinische Versorgung ist in Thailand phänomenal und an jeder Straßenecke findet sich eine gut aufgestellte Apotheke. Das Personal dort ist meistens so hilfreich wie ein Arzt und hat ihr Handwerk genauso gelernt wie deutsche Apotheker auch. Kopfschmerztabletten und Verbandzeugs gibt es in jedem 24-Stunden Laden. Und wissen Sie, was das Allerbeste ist? Im Gegensatz zu daheim brauchen Sie für die meisten Medikamente noch nicht einmal ein Rezept. Lassen Sie sich auch von Ihrem Arzt daheim nichts aufschwatzen. Kein Mensch braucht in Thailand eine Malariaprophylaxe. Sie werden auch kein Trinkwasserproblem kriegen und irgendwelches Fützenwasser mit Aufbearbeitungstabletten trinkbar machen müssen. Sie brauchen auch nicht das teure Anti-Mosquito-Mittel in Deutschland zu kaufen und mit hier hin zu bringen. Schließlich haben wir hier die Mücken und schon deshalb bessere und sehr viel preisgünstigere Mittelchen dagegen in jedem Shop, der auch Zigaretten verkauft. Wenn ich Ihnen einen Tipp geben darf: Verlassen Sie sich bitte auf die Ratschläge der hiesigen Ärzte und Apotheker, wenn Sie wirklich mal ein Wehwechen haben. Das einzige, was Sie vielleicht tun können, ist eine Liste mit wirksamen Antibiotika zusammenzustellen, falls Sie diese wirklich mal brauchen. Notieren Sie sich die verschiedenen Wirkstoffe (nicht den Namen des Präparats) für die unterschiedlichen Anwendungsgebiete, damit Sie diese im Fall der Fälle in der Apotheke vorzeigen können. Und wenn Sie schon irgendetwas in Ihre Reiseapotheke einpacken wollen – ein paar Pflaster und vielleicht einmal Verbandszeug reichen für die erste Hilfe vollkommen aus.

• Technik, die begeistert

Wir sind alle moderne Menschen und mehr oder weniger gewohnt, technische Geräte zu nutzen. Das ist auch völlig in Ordnung und das kann auch jeder so handhaben, wie er will. Packen Sie Ihr Smartphone und Ihr Laptop ruhig ein. Es ist auch mal sehr entspannend, sich abends im Bungalow oder auf dem Zimmer einen Film anzuschauen und die Kommunikation mit den Daheimgebliebenen will auch gepflegt werden. Aber so manche technischen Hilfsmittel können Sie auch getrost zu Hause lassen. Den Fön haben wir ja weiter oben schon angesprochen. Sie werden sich hier nicht erkälten, wenn Sie mit nassen Haaren zum Dinner am Strand gehen. Der Lockenstab kann auch im heimischen Badezimmer bleiben, bei der oft hohen hiesigen Luftfeuchtigkeit kringeln sich die Haare auch so schon mehr, als den meisten lieb ist. Und was Sie auch nicht für teures Geld daheim kaufen müssen, ist ein Adapter für die hiesigen Steckdosen. Gut, zugegeben, Sie werden sicherlich einen benötigen. Aber daheim im Geschäft kostet der gut und gerne 10 Mal soviel wie hier. Oft brauchen Sie auch gar keinen zu kaufen, denn in den meisten Fällen passen die gängigen Stecker heimischer Geräte auch in die hiesigen Steckdosen, da die neueren extra so konzipiert sind. Und falls nicht, können Sie sich entweder einen Adapter an der Rezeption Ihres Hotels oder Guesthouses leihen oder, falls nicht, gehen Sie einfach in den nächsten Laden und kaufen dort einen für 1,50 Euro.

- Camping oder was?

Ich sehe oft Rucksackreisende, die an ihrem Rucksack ein Zelt und eine Isomatte festgezurrt haben. Ganz bizarr wird es, wenn sie auch noch einen Thermoschlafsack, der eigentlich für die Arktis gemacht wurde, in dieses herrliche, TROPISCHE Land verschleppen. Was soll das? Denn einfach wild zelten darf man hier nicht und sollte es wegen der nachtaktiven Tierwelt auch besser nicht. Es gibt einige ganz preiswerte ´Unterkünfte´, welche einen Zeltplatz zur Verfügung stellen. Meistens bieten diese Plätze aber das Zelt gleich mit an und man hat auch gar keine Wahl, ob man dieses oder jenes benutzen darf. Aber ganz ehrlich: Nur wer wirklich passionierter Camper ist, braucht hier ein Zelt und eine Isomatte. Was man aber ganz sicher nicht benötigt, ist ein

Thermoschlafsack der Bundeswehr. Eine leichte Decke ist völlig ausreichend.

* Musikinstrumente

Die Thais lieben es, zusammenzusitzen und Musik zu machen. Zudem gibt es in den meisten Touristenorten auch viele Bars, die fast täglich eine offene Bühne offerieren. Wenn Sie also ein Instrument spielen, nehmen Sie das ruhig mit nach Thailand. Gelegenheiten zu musizieren gibt es genug. Auch alleine auf der Veranda oder am Strand ist es auf Reisen etwas wunderbares, sein Instrument griffbereit zu haben. Sie sollten sich natürlich nur darüber bewusst sein, dass Sie das auch immer mit sich tragen müssen, wenn Sie auf Reisen sind. Und kostbare Instrumente, die allzu anfällig für Temperaturschwankungen, hohe Luftfeuchtigkeit und eventuelle Verunreinigungen durch Sand sind, sollten Sie lieber zu Hause lassen. Wenn Sie Gitarre oder eine Art von Handtrommel spielen, können Sie diese hier übrigens auch recht preiswert kaufen und anschließend mit nach Hause nehmen. Ist doch immer ein schönes Andenken.

Nun, das waren nur mal ein paar gut gemeinte Ratschläge. Diese haben nicht den Anspruch, vollständig zu sein oder für jeden auch zu funktionieren. Sie sollen Ihnen nur als Inspiration dienen und als Antithese zu den Ratschlägen in 08/15 Reiseführern einfach mal ausgesprochen werden. Wie schon gesagt, denken Sie nur bitte mal darüber nach, dass weniger oft mehr ist – gerade wenn es ums Reisegepäck geht!

Geld in Thailand

Wieviel Sie wofür ausgeben, ist natürlich Ihre Sache. Über Geld spricht man nicht, zumindest nicht in diesem Sinne. Wohl aber möchte ich an dieser Stelle etwas zum allgemeinen Umgang mit Geld in Thailand sagen. Einige Fragen werden Sie diesbezüglich wohl auch haben.

- Mythos Bargeld

Eine kleine Reserve mit ausländischen Devisen, sprich: Bargeld ist sicher nicht verkehrt. Nehmen Sie ruhig 200 bis 300 Euro in Bar mit. Das kann immer mal hilfreich sein, wenn zum Beispiel die Konto- oder Kreditkarte abhanden kommt oder nicht mehr funktioniert. Bis Ihre Bank daheim dann für Ersatz gesorgt hat, ist es gut, über ausreichend Bargeld zu verfügen. Sie benötigen für diesen Fall allerdings keine US-Dollar. Der Euro ist in Thailand mindestens genauso beliebt und kann überall gewechselt werden.

Die besten Wechselkurse finden Sie meistens in den Banken. Aber Euros können Sie in Touristengebieten so gut wie überall wechseln. Jedes kleine Reisebüro, die meisten Guesthouses und nicht selten der nächste Motorradverleih wechseln Ihre Euro zu einem halbwegs vernünftigen Kurs, wenn dieser auch nicht ganz so gut wie bei der Bank ist. Informieren Sie sich bitte kurz vorher online über den aktuellen Stand, damit Sie nicht übers Ohr gehauen werden. Aber bedenken Sie: Ein bisschen Schwund ist immer, wenn man Währungen wechselt. Und Geldwechsler verdienen so eben ihr Geld.

Generell verlieren Sie aber weit weniger Geld, wenn Sie Ihre Thai-Baht am Automaten abholen und nicht Tausende von Euro mit hierher bringen und wechseln. Geldautomaten heißen hierzulande wie im Englischen auch schlicht ATM. In Touristengebieten finden sich diese teilweise so zahlreich, dass es fast schon komisch wirkt. Die dortige

Verfügbarkeit als übetrieben zu bezeichnen ist noch untertrieben. Sie müssen sich nur davon vergewissern, dass der ATM außen auch das Symbol angebracht hat, welches den Automaten als mit Ihrer Karte kompatibel auszeichnet (Maestro, Plus etc.).

Sie sollten immer größere Geldbeträge abheben, denn die Gebühren für Auslandsabhebungen in Thailand sind recht empfindlich. Die hiesige Bank, deren ATM Sie nutzen, verlangt in der Regel knapp 4 bis 5 Euro (Stand 2016) für Ihre Dienste, genauso wie es Ihre Bank auch tut, abhängig von der Art Ihres Kontos. Es lohnt sich also nicht, ständig umgerechnet 50 Euro abzuheben. Gehen Sie ruhig in die Vollen und nutzen das gesamte Limit, welches Ihnen für eine Abhebung am Automaten zur Verfügung steht. In der Regel sind das 20.000 Baht, also umgerechnet in etwa 500 Euro.

Sie sollten Ihre Hausbank unbedingt vorher davon informieren, dass Sie nach Thailand fahren. Nicht selten sperren die nämlich automatisch das Konto, wenn ungewöhnliche Abbuchungen – wie zum Beispiel eine 500 Euro Abhebung in Thailand – getätigt werden.

- Sicherheit

Wenn man soviel Bargeld bei sich hat, ist das immer ein komisches Gefühl. Aber Sie müssen ja auch nicht den ganzen Batzen Bargeld mitnehmen, wenn Sie an den Strand gehen. Es geschieht sehr selten, dass in Hotelzimmer oder in Ferienbungalows am Strand eingebrochen wird. Die Wahrscheinlichkeit liegt in Mallorca wahrscheinlich wesentlich höher. Wenn Sie Ihr Geld ungern im Zimmer lassen möchten, wenn Sie ausgehen, können Sie es auch in fast allen Guesthouses in einem Safe an der Rezeption oder im Zimmer selbst deponieren. Dort sind auch Ihr Reisepass und eventuelle zusätzliche Kreditkarten bestens aufgehoben.

Und was die Geldscheine selber angeht - es gilt die selbe Regel wie in allen anderen Ländern mit einer fremden Währung auch: Ordnen Sie die

Geldscheine, die Sie in der Tasche haben, nach deren Höhe und Farbe, damit Sie nicht durcheinander kommen. In Thailand sieht das dann wie folgt aus. Die großen zuerst, dass heißt die 1000 Baht Scheine. Diese sind braun. Danach kommen die violetten 500 Baht Scheine auf den Stapel. Dann folgt der hellrote 100 Baht Schein, danach der blaue 50 Baht Schein und zuletzt der hellgrüne 20 Baht Schein. Die Farben sind recht unterschiedlich und schon deshalb sehr hilfreich. Wenn das Licht in einer Strandbar aber schon mal etwas schummrig ist, dann passen Sie bitte auf, dass Sie die violetten 500 Baht und die blauen 50 Baht Scheine nicht verwechseln. Im Dämmerlicht und mit 1.5 Promille sehen sich diese nämlich schon mal zum verwechseln ähnlich.

- Umgang mit Geldscheinen

Nun etwas zum Umgang mit Geld. Auf jedem Geldschein und sogar auf sämtlichen Münzen ist auf einer Seite IMMER ein Bild des Königs von Thailand. Und die Thais lieben Ihren König abgöttisch (Siehe das Kapitel bezüglich des Könighauses). Gehen Sie deshalb mit Geld besonders respektvoll um. Das hat, wie gesagt, nichts mit heidnischer Huldigung des schnöden Mammon zu tun, sondern etwas mit dem Bild des Königs. Wenn Sie den Thais eine Freude machen wollen und sich selbst ein bisschen beliebter im Land des Lächelns, dann stopfen Sie Ihre Geldscheine nicht verknittert in die Hosentasche, sondern falten Sie diese einmal gerade in der Mitte. Wenn Sie zahlen, werfen Sie die Scheine nicht einfach auf die Theke, sondern legen Sie sie respektvoll ab oder geben Sie sie freundlich in die Hand des Kassierenden.

Auch wenn dieses sehr höfliche Gebahren keiner von Ihnen erwartet, so zeigt es den Thais doch, dass Sie Respekt haben und ein paar Kleingkeiten wissen und beherzigen, die ´normale´ Touristen nicht wissen oder beherzigen. Und genau das sind die Kleinigkeiten, die Ihren Thailandaufenthalt bereichern werden, weil die Thais dann auch mehr Respekt vor Ihnen haben werden.

Essen in Thailand

Mir liegt es fern, an dieser Stelle nun die Vorzüge der thailändischen Küche zu erörtern oder Ihnen schon vor Ihrem Urlaub das Wasser im Mund zusammenlaufen zu lassen. Die thailändische Küche hat Ihren Siegeszug schon vor Jahrzehnten angetreten und sowohl Restaurants wie Pilze aus dem Boden schießen lassen, als auch in die Küchen daheim gefunden. Es gibt in jeder größeren Kreisstadt mindestens einen Asia-Shop, wo Sie Gewürze und echte Wogs, schmackhafte Sojasoßen und mehr oder weniger frische Chilischoten bekommen können.

Thai ist weltberühmt – und das auch zu Recht. Worum es in diesem Kapitel geht ist auch weniger, dass ich Ihnen Tipps gebe, wo Sie welches Gericht genau essen sollten – da finden Sie sich bitte selber vor Ort zurecht. Es gibt viel kulinarisch zu entdecken und eigentlich nichts zu verlieren, sondern höchstens hier und da mal ein Tränchen zu vergießen, wenn Sie den Fehler gemacht haben, auf die Frage der Köchin, ob es ´normal scharf´ oder ´scharf wie für die Einheimischen´ (like local style) sein soll, geantwortet haben, Sie mögen gerne scharf. Denn scharf hier ist wirklich scharf – vor allem für einen ungeübten Gaumen.

- Deshalb hier der erste Tipp: Selbst wenn Sie scharfes Essen mögen, aber noch nie in Thailand waren, bestellen Sie es erst einmal nur leicht scharf. Keiner wird Sie deshalb mitleidig belächeln. Im Gegenteil: Wenn Sie an dieser Stelle vor den *Locals* angeben wollen und richtig scharf bestellen, dann machen die sich einen großen, aber nicht böse gemeinten Spaß daraus, Ihnen dabei zuzusehen, wie Sie am Chili während des Dinners langsam krepieren und ein Bier nach dem anderen dazu ordern. Auch das ist wieder typischer Thai-Humor. Welcome to Thailand.

- Wenn Sie auf einer der Inseln oder irgendwo an der Küste im Süden und Südosten sind, gönnen Sie sich unbedingt einen frischen Fisch vom Grill. Der ist zwar im Gegensatz zu den meisten anderen typischen Thai-Gerichten auf der Karte nicht unbedingt preiswert, aber auf jeden Fall sein Geld wert. Der ist wirklich noch frisch gefischt und nicht irgendwo auf einer Fischfarm großgezogen.

- Überhaupt Fleisch. Wenn Sie Fleischesser sind, ist Thailand eigentlich ein gelobtes Land. Vor allem, wenn es um Fisch, Meeresfrüchte und natürlich Hühnchen geht, sind Sie hier vollkommen richtig. Feines vom Schwein geht auch noch, aber mit Rind kann die thailändische Küche in der Regel nicht so gut umgehen. Das liegt an der Zubereitung. Die Zutaten werden meist in den Wog geworfen und schnell und heiß gebraten. Für Rindfleisch und auch für Schwein ist das nicht unbedingt das beste.

- Wenn Sie Vegetarier sind, ist, um ganz ehrlich zu sein, Ihre Auswahl ein wenig eingeschränkt. Es findet sich genug, was Sie essen können, aber den Thais selber ist Vegetarismus relativ fremd und Sie werden nur sehr wenige vegetarische Thais treffen. Aber Sie können dafür auch ganz kreativ sein und Sachen von der Karte kombinieren, die so als Gericht nicht da stehen. Sagen Sie einfach, was Sie gerne hätten und auch wenn es nicht auf der Karte steht, wird man das beste tun, um Sie lecker satt zu bekommen. Aber eins noch: Tofu steht zwar überall auf der Karte, wird aber in der Regel nicht sehr schmackhaft zubereitet. Im Gegensatz zu der japanischen Küche kann die thailändische Küche nicht besonders gut damit umgehen.

- Veganer und die, die sich vor chemischen Geschmacksstoffen, Gluten und Glutamat fürchten, müssen sich etwas vorsehen. Die Thais lieben Geschmacksverstärker und hauen das Zeug beim Kochen überall drauf und verstehen es auch nicht wirklich, warum man etwas dagegen haben könnte. Sagen Sie das vorher, wenn Sie diese nicht untergemischt haben wollen. Seien Sie dabei freundlich und bemühen Sie sich um Verständnis. Thais sind es gewohnt, dass Farangs im Restaurant gerne ihr eigenes Süppchen kochen.

- Erst kürzlich wurde eine Studie veröffentlicht, dass es in Thailand die besten Straßenküchen der Welt gibt – und alleine in Asien gibt es eine ganze Menge. Die sehen für jemanden, der sonst nur blitzblankgeputze deutsche Musterküchen gewohnt ist, auf den ersten Blick vielleicht etwas befremdlich aus und sie würden auch keinem Test eines strengen Sittenwächter des deutschen Gesundheitsamtes standhalten, aber seien Sie versichert: Weder ihrem guten Geschmack noch Ihrem Magen wird etwas geschehen, wenn Sie sich an den dort angebotenen und zubereiteten Speisen gütlich tun. Probieren Sie sich durch, aber achten Sie nur darauf, dass Fleischspieße und alles mit Meeresfrüchten gut durchgegart ist.

Dies waren nur einige Anmerkungen zur echten Thaiküche und Esskultur. Es gibt aber auch zahlreiche ´westliche´ Restaurants und Fressbuden. In jedem Fischerdorf, dass auch touristisch genutzt wird, gibt es mindestens einen Burgerladen und eine Pizzeria. Hier und da findet sich auch ein bayerischer Gasthof mit fränkischen, hausgemachten Knödeln und Currywurst Schranke. Die Thais lieben es einfach zu essen, genauso wie jeder Urlauber es auch tut. Es rümpft auch kein Thai die Nase, wenn Sie anstatt Reis mit Hühnchen sich eine Pizza oder ein Steak mit Pellkartoffeln schmecken lassen. Aber grundsätzlich gilt: Wenn Sie Lust auf echtes Thai-Essen haben, gehen Sie in ein echtes Thai-Restaurant, am besten dorthin, wo kein Name dran steht und wo die meisten Einheimischen auch hingehen, da, wo kein ´westliches´ Gericht auf der Karte steht. Wenn Sie ´westlich´ essen wollen, gehen Sie in die von Farangs geführten Restauarants. Aber Sie gehen ja auch in München nicht zum Griechen, wenn Sie Lust auf eine Weißwurst haben.

Und eins noch: Sie werden Thais andauernd etwas essen sehen. Es ist wirklich erstaunlich. Keine Wartezeit und keine Busfahrt wird ausgelassen, um zu knabbern und zu futtern. Denn die Thais sind die Weltmeister im Snacken! Und vielleicht werden Sie sich auch über die relativ kleinen Portionen in den echten Thai-Restauarnts wundern. Wenn man Ihnen das in einem deutschen Gasthof so vorsetzen würde, würden Sie das wahrscheinlich für eine Vorspeise halten. Hier ist das aber eben so.

Die Thais essen eben lieber 7 bis 10 Mal am Tag und dafür immer etwas anderes in kleinen Portionen, als 2 oder 3 Mal am Tag ganze Kübel voll, so wie wir es von daheim gewohnt sind. Gewöhnen Sie sich einfach hier auch daran. Dafür kosten die Gerichte ja auch so gut wie nichts und außerdem ermüdet Sie so Ihr viel zu voller Magen nicht. Stattdessen bleiben Sie den ganzen Tag leicht und unbeschwert und haben andauernd die größten Gaumenfreuden zu feiern – genauso wie es in einem perfekten Urlaub in den Tropen auch sein sollte.

Alkohol in Thailand

Es gab doch mal dieses Gerücht, dass Asiaten so schlecht Alkohol vertragen würden, zumindest im Gegensatz zum deutschen Stammtischtrinker. Aber ganz ehrlich: Mit diesem Klischee kann ich hier aufräumen. Die Thais sind dem Alkohol recht zugetan und lieben es, zusammen gemütlich einen zu trinken. Es ist aber eher selten, dass sie kampftrinken wie eine schlagende Studentenverbindung im tiefsten Frankenland. Aber dennoch: Um mit einer Runde Thais mitzuhalten, muss man schon etwas vertragen können und man sollte den Mund nie zu voll nehmen und großartige Ankündigungen machen, dass man alle unter den Tisch trinken kann, weil man eine deutschsprachige Leber hat.

Das mal vorne weg. Alkohol ist in Thailand durchaus mehr als salonfähig und betrunkene Touristen gehören in den meisten Urlaubsorten genauso zum Ferienidyll wie auf Mallorca auch. Da kann man unterschiedlicher Meinung sein, ob das schön ist oder nicht, aber worum es hier geht ist folgendes: Die Thais haben nichts dagegen, wenn man über die Strenge schlägt, wenn man sich ein bisschen zu doll amüsiert. Aber einige Dinge sollte man trotzdem beachten – und das zum eigenen Schutz.

- Lassen Sie das Miet-Motorrad stehen (Siehe Kapitel ´Motorradfahren in Thailand´), wenn Sie zuviel getrunken haben. Nochmal: Um Buddhas Willen, lassen Sie es stehen und nehmen Sie sich ein Taxi oder legen Sie sich einfach irgendwo an den Strand oder in eine Hängematte in der Bar, in der Sie gerade sind. Da hat keiner etwas dagegen, im Gegenteil. Die Thais helfen Ihnen und mir persönlich ist es schon oft passiert, dass sie mir sogar noch ein Bett gemacht haben, in dem ich meinen Rausch ausschlafen konnte. Genauso oft habe ich aber auch schon mich und mein Motorrad zerlegt, wenn ich glaubte, noch hochpromillig durch die Nacht reiten zu müssen.

- Was auch immer Sie tun, legen Sie sich nicht mit einem betrunkenen Thai-Mann an. Das nehmen die echt persönlich. Hinzu kommt dieser Kulturunterschied mit dem Gesichtsverlust. Wenn Sie in der Öffentlichkeit einem Thai doof kommen und der sein Gesicht verliert, kann es gut sein, dass er auch die Restkontrolle über sein betrunkenes Ich verliert. Sie mögen in einem Streit sogar Recht haben, aber klüger und für alle Beteiligten besser wäre es, wenn Sie sich einfach umdrehen und gehen – so schwer es auch fällt. Wirklich, das kann sonst ganz böse enden. Denn ein beleidigter, betrunkener Thai kämpft nicht immer mit fairen Mitteln.

- Wenn Sie auf einer Langstreckenreise – also im Zug oder im Bus (siehe Kapitel ´Unterwegs in Thailand´) - etwas trinken möchten, ist es seit einigen Monaten so (Stand August 2016), dass im Zug und in der Nähe des Bahnsteigs weder Alkohol verkauft noch öffentlich konsumiert werden darf. Auf der Autobahn – also an Tankstellen-Shops etc – darf schon länger kein Alkohol mehr verkauft werden. Wenn Sie also auf einer gemütlichen Schlafwagenfahrt oder in einem gutgelaunten Reisebus etwas trinken möchten, decken Sie sich vorher mit Alkoholika ein, denn unterwegs bekommen Sie nichts mehr. Und wenn Sie trinken, dann tun Sie das nicht öffentlich und laut, sondern dezent und gemütlich und für alle erträglich. Dann beschwert sich auch keiner, Sie können mit Freunden oder allein etwas trinken und alle anderen haben ihre Ruhe. So kommen Sie nicht mit dem Gesetz in Kontakt.

- Es gibt drei große, gängige Biersorten in Thailand: Chang, Leo und Singha. Die bekommen Sie in allen Bars, Shops und 7/11. Preislich unterscheiden sie sich nur um ein paar Baht pro Flasche, aber im Gegensatz zu Leo und Singha, die etwas teurer sind, ist Chang kein reines Bier, dass heißt, es besteht neben Hopfen, Wasser und Malz auch noch aus Chemikalien, die den Gärungsprozess beeinflussen sollen. Es schmeckt nicht schlecht, aber man bekommt einen unglaublichen Kater und einen schlechten Magen, sprich: die Scheisserei davon, zumindest, wenn man mehr als 3 große Flaschen davon trinkt. Viele Touristen wundern sich immer darüber, dass Sie viel Zeit mit sehr dünnem Kot auf dem Klo verbringen und schieben das auf das ungewohnte Essen (siehe Kapitel ´Essen in Thaland´), aber meistens sind es die Unmengen von billigem, gepunschtem Chang Bier, die sie auf´s Klo treiben. Geben Sie lieber 10 oder 20 Baht (20 bis 50 Cent) pro Flasche mehr aus und ersparen Sie sich den *Hangover* in den Tropen.

- Irgendwann wird Ihnen während des Thailandurlaub der sogenannte Sangsom über den Weg laufen. Das ist das, was man gemein hin als Thai-Whiskey bezeichnet. Es handelt sich dabei aber weniger um einen Whiskey als um einen ebenfalls leicht gepunschten Rum. Das Zeug ist echt etwas für Piraten und Sie sollten ihn unbedingt probieren. Aber wenn Sie zuviel davon trinken, passiert dasselbe wie beim Chang Bier – Sie bekommen einen unfassbaren *Hangover*, sprich: Kater. Außerdem werden viele recht aggressiv von zuviel Shots von diesem mythischen Gebräu. Also: Vorsicht!

- Es gibt eine Menge buddhistischer Feiertage in Thailand, an denen offiziell kein Alkohol verkauft werden darf. Dieses Verbot gilt meistens nur für knapp 12 Stunden und hat etwas mit dem Stand des Mondes zu tun. Im 7/11 werden Sie dann zum Beispiel keinen Alkohol bekommen und auch einge Bars halten sich daran. Aber ebenso viele Shops und Bars scheren sich auch nicht darum, zumindest nicht, wenn es sich nicht um besonders große Feiertage handelt. Aber wundern Sie sich nicht, wenn Sie im 7/11 ein Bier kaufen wollen und Sie keines bekommen. Und vorher Bescheid sagen wird Ihnen leider auch keiner. So ist das eben – Welcome to Thailand.

- Ich muss es einmal loswerden, auch wenn dieser Einwand so offensichtlich ist, dass selbst Schulkinder ihn verstehen und beherzigen: Wir sind hier in den Tropen und Alkohol führt dem

Körper keine Flüssigkeit zu, sondern er entzieht ihm Flüssigkeit, die zu seinem Abbau gebraucht wird. Wenn Sie gerne und viel Alkohol trinken, trinken Sie Wasser so viel es geht. Ansonsten befindet sich Ihr Körper immer kurz vor der Dehydrierung und kann nicht ordentlich arbeiten. Sie werden schlapp, missmutig und können Ihren Urlaub nicht genießen. Literweise Wasser ist die Lösung. Außerdem gibt es überall – zum Beispiel in jedem 7/11 – für ein paar Baht eine isothonische Lösung, die Ihrem Körper Salze und so weiter zuführt, die er nach einer formidablen Sauferei dringend benötigt, um wieder funktionstüchtig zu werden. Aber das beste Mittel gegen Kater ist: Eine frische, junge Kokosnuss!

Vielleicht ist es noch nicht deutlich genug geworden, deshalb hier noch einmal: Die Thais trinken selber gerne und haben wirklich überhaupt nichts dagegen, wenn man trinkt. Es darf in Bars und so weiter auch gerne mal etwas laut werden, solange es freundlich bleibt. Was die Thais nicht mögen, ist Herumgepöbel und Aggressiviät beim Alkoholkonsum. Den meisten ist das völlig fremd und sehr unangenehm. Dementsprechend handeln sie dann auch. Und Sie werden sich so sehr unbeliebt machen und schämen sich am nächsten Tag in Grund und Boden. Und ein Kater in den Tropen bei 33 Grad im Schatten ist etwas ganz anderes als daheim in Köln nach Karneval. Also: Wenn Sie gerne trinken, trinken Sie ruhig in Thailand. Aber lassen Sie nicht die Sau mehr als zu Hause raus. Weder die Menschen hier noch Ihr Körper werden Ihnen dafür Beifall klatschen. Aber Spaß macht es alle Mal, solange Sie dabei nicht ausflippen.

Unterwegs in Thailand

Wenn Sie nicht einen 2-wöchigen Pauschalurlaub in einer schicken Ferienanlage am Strand gebucht haben, werden Sie in Thailand wahrscheinlich recht viel unterwegs sein. Es gibt viel zu entdecken und dabei eigentlich keine Zeit zu verlieren. Aber ein bisschen Reisezeit müssen Sie eben doch einplanen.

Wenn Sie an dem Ort, in dem Sie sich gerade in Thailand befinden, unterwegs sind, gibt es verschiedene Möglichkeiten und je nachdem, wo Sie gerade sind, ist die eine besser als die andere.

* Bangkok

Bangkok ist ein Monster. So eine Metropole können wir uns aus den deutschsprachigen Ländern kaum vorstellen, wenn wir noch nie in einer gewesen sind. Ähnlich wie Kuala Lumpur, Hong Kong oder Singapur verschlagen einem diese asiatischen Großstädte wirklich den Atem, wenn man von Köln oder Hintertupfingen hier her kommt.

Da liegt es nahe, dass man sich einfach ins nächstbeste Taxi setzt, wenn man von A nach B will. Denn verständlicherweise haben die meisten regelrecht Angst, wenn sie zum ersten Mal nach Bangkok kommen. Und das Taxi ist auch eine gute Alternative, jedoch nicht die preiswerteste und schon gar nicht die schnellste. Ein Taxi kommt im Stau auch nicht sehr weit – und Stau herrscht fast immer.

Ein Tuk Tuk – das sind diese bunten Dreiräder aus vorne Vespa und hinten gemütlichen, überdachten Sofa für 2 bis 3 Leute – sind witzig für den Transport und jeder sollte sich mal eine Fahrt durch bangkok damit gönnen. Ein Tuk Tuk ist allerdings auch nicht schneller als ein Taxi und außerdem sitzt man sozusagen draußen. Allerdings heißt das nicht, dass man an der frischen Luft sitzt, sondern mitten im Smog bei tropischen Temperaturen. Wie gesagt, eine Fahrt mit dem Tuk Tuk ist eine

Spaßveranstaltung fürs Fotoalbum, aber keine wirklich celevere Methode, wenn man in Bangkok Strecken hinter sich bringen will. Teuer sind sie obendrein.

Die beste Möglichkeit, um in Bangkok unterwegs zu sein, ist das Netz aus U-Bahnen und dem hochmodernen Skytrain. Dieser Skytrain ist eine U-Bahn, die zwei Stockwerke höher verkehrt, nämlich über der Straße auf einem eigenen Schienenetz. Diese Bahnen sind nicht nur unabhängig vom Stau und sonstigem Verkehr, sondern zudem angenehm klimatisiert und vor allem spottbillig. Und ehrlich, damit unterwegs zu sein ist sehr einfach. Die Pläne und Stationsnamen sind auch auf Englisch und alles ist gut verständlich. Trauen Sie sich einfach, es kann wirklich nichts passieren. Außerdem sehen Sie so noch etwas vom Alltag der thailändischen Großstadtbevölkerung.

- Und sonst in Thailand

Die Thais sind ausgesprochen gesellig. Und so gibt es fast überall im Land und auf den Inseln mit genügend Infrastruktur Sammeltaxen, die man einfach mit einem Winken anhalten und darauf zusteigen kann. Diese Sammeltaxen sind fast immer umgebaute Pick-Ups, deren Ladefläche durch Sitzbänke und ein Dach nachgerüstet wurde. Die Preise sind recht moderat. Aber Sie müssen diesen vorher mit dem Fahrer kurz absprechen, damit es nachher keine Missverständnisse gibt.

Wer sich traut, kann auch auf ein Motorradtaxi aufsteigen. Da nimmt man einfach hinter dem Fahrer auf dem Sozius Platz. Allerdings ist so eine Fahrt nicht immer auch etwas für schwache Nerven. Die Fahrer fahren mitunter etwas rasant, allerdings auch recht sicher. Wem ein kleiner Adrenalinschub nichts ausmacht, fährt mit einem Motorradtaxi nicht nur schneller an sein Ziel, sondern auch günstiger als mit einem Sammeltaxi. Sie erkennen so ein Motorradtaxi an der schreiend bunten Warnweste, die der Fahrer als Erkennungszeichen trägt.

Ansonsten gibt es in allen Orten, in denen es Tourismus gibt – also fast überall in Thailand – die Möglichkeit, sich ein eigenes Motorrad zu mieten. Aber dazu sehen Sie bitte im Kapitel Motorradfahren in Thailand nach.

Kommen wir jetzt zum eigentlich Reisen in Thailand: Weite Strecken durch das Land.

- Flugzeug

In Zeiten von ständig verfügbaren und unglaublich preiswerten Inlandsflügen zu Dutzdenen von kleinen Flughäfen in jeder größeren Ortschaft und – in Thailand – auf jeder größeren Insel, fliegen die meisten leider, sobald Sie eine Strecke von 500 Kilometern zurücklegen müssen. Seltsamerweise meint man, das würde Zeit sparen und deshalb den Urlaub bereichern. Meiner Meinung nach ist das aber nicht der Fall. Denn sind wir ehrlich: Selbst so ein Kurzstreckenflug ist schon irgendwie stressig. Der Flughafen ist meistens irgendwo weit außerhalb der Stadt und auch da muss man erstmal mit dem Taxi hin. Dann steht man an der Gepäckannahme und sonst wo herum. Bis man mal im Flieger sitzt, sind auch schon fast zwei Stunden rum. Am Zielflughafen muss man auch erstmal wieder zum Gepäckband und ins Hotel.

Jetzt kommt aber mein eigentliches Argument: Inlandsflüge finden in der Regel tagsüber statt. Und da Sie ja die Zeiten der Fahrten zum und vom Flughafen und das dauernde Gewarte mit zu der Flugzeit dazurechnen müssen, verlieren Sie im Prinzip fast einen ganzen Urlaubstag. Alles, was Sie an diesem machen, ist im Hotel zu frühstücken, den Flug mit allem drum und dran hinter sich zu bringen, das nächste Hotelzimmer zu beziehen und nach dem Dinner und vielleicht einer kurzen Besichtigung des nächsten Strandes ins Bett zu fallen.

Ganz abgesehen davon sind diese kurzen Inlandsflüge nicht gut für die Umwelt.

- Eisenbahn

Fast alle Farangs, die in Thailand leben oder viel hier gereist sind, sind sich im Prinzip einig: Der Nachtzug ist das beste Reisemittel in Thailand, wenn es um weite Strecken und Bequemlichkeit geht. Ja, da kommt man schon mal ins Schwärmen und ich möchte jedem, der eine längere Strecke vor sich hat (ab 500 Kilometer aufwärts) wärmstens ans Herz legen, den Nachtzug zu besteigen.

Hier finden Sie vielleicht nicht die allermodernsten, dafür aber umso gemütlicheren Schlafkabinen vor. Diese befinden sich im Großwagen jeweils links und rechts doppelstöckig an den Seiten, der Gang ist in der Mitte. Jede Bettstadt wird durch einen Vorhang ´abgeschottet´. Man bekommt frisches Bettzeug und je nachdem, kann man einen klimatisierten oder durch Deckenventilatoren belüfteten Wagen buchen. Ersteres kostet eben ein wenig mehr. Aber verglichen mit den Bahnpreisen in Europa kostet hier ein Ticket für den Schlafwagen geradezu lächerlich wenig. Für eine Strecke von vielleicht 600 Kilometern über eine Dauer von knapp 12 Stunden zahlt man umgerechnet vielleicht 25 Euro. Und das Geratter des Zuges auf den Schienen, wenn man in seinem Bett liegend durch die tropische Nacht gondelt, wiegt einen in den Schlaf des Gerechten und ist unbezahlbar.

Außerdem gibt es im Zug immer genügend Verpflegung. Neben dem Speisewagen, in dem es mitunter recht gesellig zugehen kann, kommen am Abend und am Morgen zudem Thais durch den Zug gelaufen, die von eisgekühlten Getränken über frisches Obst bis hin zum Kaffee und gebratenem Reis alles für ein paar Taler anbieten, was man braucht.

Aber nicht nur die Behaglichkeit ist ein Plus für den Schlafwagen gegenüber dem Flugzeug, denn bitte bedenken Sie folgendes: Im Zug fahren Sie über Nacht und schlafen dort wirklich ganz gemütlich. Damit verlieren Sie nicht nur keinen Urlaubstag, sondern sparen sich außerdem noch die Kosten für das Hotelzimmer für eine Nacht. Und es gibt keine bessere Möglichkeit, Thailand zu betrachten, als während einer Zugfahrt.

- Bus/Minibus

Leider kommt man in Thailand nicht überall mit dem Schlafwagenzug hin. Bei Thais und Farangs wegen ihrer Praktibilität und hohen Verfügbarkeit deshalb sehr beliebt, ist die Reise mit dem Großraum- beziehungsweise Minibus.

Die weiten Strecken finden oft ebenfalls über Nacht statt und sind ein wenig preiswerter als die Fahrt im Schlafwagen, allerdings auch bedeutend unbequemer. Ob im großen Überlandbus oder im 10-sitzigen Minibus – man kommt sich vor wie in der Holzklasse im Flugzeug. Dafür geht es aber oft betont gesellig zu, wenn so viele Menschen recht dicht gedrängt zusammen reisen.

Die Fahrer halten in der Regel alle paar Stunden an, damit sich jeder die Beine vertreten kann und natürlich, um etwas zu essen (siehe das Kapitel ´Essen in Thailand´). Meistens sind diese Angebote, welche Busreisen beinhalten, sogenannte Joint-Tickets, also kombinierte Tickets. Diese beinhalten, wenn man zum Beispiel von einer der Inseln nach Bangko will, das Ticket für die Fähre, die Fahrt mit dem Überlandbus bis zur nächsten Verteilerstation und von dort aus weiter zu den nächsten Zielen. Man muss sich wirklich über überhaupt nichts mehr Gedanken machen, wenn man so ein Ticket bucht. Man wird überall empfangen, sobald man von der Fähre oder aus dem Bus steigt, und weitergeleitet. Es kann absolut nichts schiefgehen. Allerdings muss man sich mitunter auf recht lange Wartezeiten zwischendurch einrichten. Deshalb: unbedingt für Unterhaltung sorgen oder sich mit den Mitreisenden unterhalten. Schon so manches Pärchen ist während einer langen Busfahrt in Thailand zusammengekommen.

Motorradfahren in Thailand

Jetzt kommt ein recht leidiges Thema, welches jeden beschäftigt, der nach Thailand in den Urlaub kommt: Soll man sich ein Motorrad mieten oder nicht – obwohl die meisten noch nie auf so einem Ding gesessen haben? Aber bevor wir hier versuchen eine Antwort auf diese komplexe Frage zu finden, hier ein paar Fakten und Grundgedanken diesbezüglich.

Die wenigsten Thailandurlauber besitzen einen Motorradführerschein, sondern höchstens, wenn überhaupt, einen Autoführerschein. Aber egal. Zwar braucht man offiziell per Gesetz in Thailand einen gültigen internationalen Führerschein (keinen deutschen oder europäischen, einen internationalen oder einen thailändischen) um ein Kraftfahrzeug jedweder Art fahren zu dürfen - das gilt für Autos genauso wie für Motorräder und Thais brauchen übrigens auch einen gültigen Führerschein - aber de facto interessiert das keinen, ob man über solch einen verfügt, zumindest nicht, wenn man außerhalb der größeren Städte damit fährt.

Die meisten Urlauber besuchen die populären Inseln. Und da findet sich auch an wirklich jeder Ecke ein Verleih für Motorräder. Und keiner wird Sie je fragen, ob Sie einen Führerschein dafür haben. Sollte mal irgendwo eine Kontrollstelle wie aus dem Nichts auf der Straße auftauchen, dann werden Sie angehalten und wenn Sie dann keinen Führerschein vorzeigen können, kostet Sie das 200 Baht, umgerechnet knapp 5 Euro. Damit kann man leben, finde ich. Wie gesagt, eigentlich müssten Sie einen Führerschein vorzeigen können, denn ansonsten machen Sie sich, wie in Deutschland auch, strafbar. Und übrigens müssten Sie auch einen Helm tragen, denn auch in Thailand gilt Helmpflicht, auch wenn es nicht danach aussieht. Aber auch hier gilt: Das interessiert keine Sau und wenn Sie doch mal angehalten werden, dann zahlen Sie auch dafür 200 Baht (Stand 2016) – und kriegen dann auch noch eine Quittung, die Sie dazu berechtigt, DEN GANZEN TAG OHNE HELM UND FÜHRERSCHEIN RUMZUFAHREN. Das ist mal wieder typisch Thailand – Welcome to Thailand!

(Eine kleine, lustige Anekdote dazu: Ein guter Freund und Nachbar von mir, ein Kanadier, der auch schon seit einigen Jahren auf einer der Inseln im Süden lebte, fuhr einfach mal kurz zu einem Kumpel ein paar Kilometer weit weg und kam dabei in eine dieser spontanen Helmkontrollen seitens der Polizei. Natürlich hatte er keinen Helm auf und natürlich er sollte zahlen. Aber er hatte kein Geld dabei und da sein Heim auch zu weit weg war, um da mal eben vorbeizufahren, mussten sich die Polizisten irgendetwas einfallen lassen, um ihn angemessen zu bestrafen, gleichzeitig aber ihr Gesicht zu wahren. Und so musste sich mein Freund ganze 10 Minuten lang mit dem Gesicht nach vorne neben die Verkehrskontrolle stellen und sich somit öffentlich schämen, sprich: Sein Gesicht verlieren. Für uns klingt das nach einer witzigen Anekdote, für die Thais, die so besorgt um ihre Reputation sind und ihr Gesicht in der Öffentlichkeit nicht verlieren wollen, ist das eine ganz schöne Schmach und Schande. Mein Kumpel nahm es aber natürlich mit Humor. Welcome to Thailand eben).

Nun gut, also: Man sieht: Man benötigt keinen gültigen Motorradführerschein, um in den meisten Gegenden in Thailand halblegal Motorrad fahren zu dürfen. Aber wie es mit dem Können? Denn hier liegt das eigentliche, sehr gefährliche Problem: Die meisten Urlauber KÖNNEN kein Motorrad fahren. Das sie aber glauben, sie könnten das, liegt daran, dass die Motorräder, die zu 98 Prozent im Verleih zu haben sind, aussehen wie bessere Mofas oder das, was man in Deuzschland gemeinhin einen Roller nennt. Hier heißen die Dinger *Scooter* und zugegeben: Man braucht sich nur draufzusetzen und loszufahren, denn die Dinger sind vollautomatisch. Man muss also nur noch die Bremsen und den Gaszug betätigen. Das kriegt jedes Kind geregelt und deshalb fahren auch vorpubertäre Thaikinder fleißig mit dem Scooter überall hin – aber die haben das auch schon geübt. Die meisten Touristen leider nicht. Und das ist ein echtes Problem.

Vielleicht ist Ihnen aufgefallen, dass ich das, was von deutschsprachigen Touristen gerne als Roller verharmlost wird, konsequent als Motorrad bezeichnet habe. Und dabei bleibe ich auch. Die Dinger haben nämlich einen Hubraum von 125 ccm – und das ist eine ganze Menge Feuerkraft, wenn man keine Harley zu Hause stehen hat, sondern nur ein Fahrrad. Ein Roller nämlich hat höchsten 50 ccm. Und eine 125 ccm Maschine wird daheim in Deutschland als Motorrad bezeichnet, weil sie nämlich auch eins ist. Das ist kein Spielzeug, auf das man sich einfach draufsetzt und mit Vollgas zur nächsten Party heizt.

Es wäre ja egal, wenn man sich damit nur selbst gefährdet, aber leider ist das nicht der Fall. Sie können sich gerne mal die Statistiken zu Motorradunfällen in Thailand im Netz ansehen – sie sind verheerend. Aber verstehen Sie mich jetzt nicht falsch. Ich bin der Letzte, der Ihnen davon abrät, sich ein eigenes Motorrad auf der tropischen Trauminsel zu mieten und unabhängig und mobil den Urlaub zu genießen. Aber machen Sie um Buddhas Willen bitte ein paar Übungsrunden auf einem abgelegen Weg, wo weder Ihnen noch den anderen viel passieren kann, bevor Sie mit stolzgeschwillter Brust mit 120 km/h zur nächsten Party sausen. Und gewöhnen Sie sich ein angemessenes Tempo an. Mit 50 bis 60 km/h kommen Sie überall schnell genug hin, genießen aber trotzdem den rauch des Motorradfahrens ein bisschen. Und Vorsicht auf Sandfützen oder Staubpisten. Die Dinger da noch zu manövrieren verlangt etwas Übung mit dem Gaszug und der Bremse.

Ich habe schon so viele Unfälle gesehen, selbst erlebt und Freunde dabei verloren, dass ich es gar nicht oft genug betonen kann: Steigen Sie ruhig auf so ein Motorrad und genießen Sie den tropischen Fahrtwind und die Freiheit, aber bitte machen Sie sich dabei bewusst, dass Sie auf einem echten Rennofen in Gestalt einer ollen Vespa sitzen. Das ist kein altersschwaches Pony, was Sie da reiten, sondern ein halbausgewachsenes Rennpferd. Und wenn Sie merken, dass ein oder zwei Bier in der Strandbar zuviel dabei waren, lassen Sie Ihren Rennhobel da stehen und nehmen Sie sich ein Taxi zurück. Denn auch wenn Sie glauben, Sie könnten noch fahren: Sie können es nicht.

Sie sind aber im Urlaub und wollen den Rest der Reise nicht in einem Krankenhaus oder auf Krücken mit eiternden Wunden verbringen, sondern Sie können sich die Zeit nehmen, ein Taxi zu suchen und den Bock am nächsten Tag abzuholen. Keiner wird ihn klauen und Sie kommen auch nirgendwo hin zu spät. Sie sind im Traumurlaub! Riskieren Sie diesen nicht für eine schnelle, betrunkene Fahrt auf einem Motorrad, welches Sie noch nicht gebändigt haben. Das ist nicht nur fahrlässig, sondern ausgesprochen kurzsichtig und dämlich. Letztendlich sind Sie aber erwachsen und selbst verantwortlich. Ich wünsche auf jeden Fall eine gute und vor allem sichere Fahrt.

Tiere in Thailand

Liebe Leser, ich werde jetzt hier natürlich keine vollständige Liste mit Tieren in Thailand präsentieren. Das ginge auch gar nicht, denn die Gegend gilt neben dem Amazonas als artenreichste der Welt und Forscher entdecken immer noch so ziemlich jeden Tag neue Spezies. Also beschränke ich mich auf diejeingen Tiere, denen Sie eventuell auch über den Weg laufen und über die es etwas zu sagen gibt, damit Sie vorbereitet sind. Bezüglich eines bunten Schmetterlings brauche ich Sie nicht vorzuwarnen, zu manch anderem Getier derweil gibt es sehr wohl etwas zu sagen.

Thailand ist so voller Tiere, es ist für einen Mitteleuropäer fast ein wenig surreal. Was alleine hier an Insekten herumschwirrt und kreucht, ist phänomenal. Daran muss man sich wirklich gewöhnen. Am besten, man baut ein gewisses fasziniertes Interesse daran auf. Denn sie sind in der absoluten Überzahl und sich davor verstecken kann man sich nicht. Sie sind überall, wie zum Beispiel...

- Hunde

Hunde sind in Thailand allgegenwertig. Die meisten von ihnen sind halbwilde Straßenhunde, die die Mülltonnen durchstöbern und das fressen, was der Mensch übrig lässt. Die Thais dulden diese Hunde durchaus, denn sie sind ausgesprochen tierlieb. Nur wenn ihnen ein aggressiver Hund in die Quere kommt, machen sie relativ kurzen Prozess mit ihm.

Es gibt aber auch Haushunde und ganz wilde Rudel. Die ganz wilden Rudel sind aber vor allem im Dschungel unterwegs und höchstens Nachts mal in der Nähe der Zivilisation unterwegs. Man begegnet ihnen eigentlich kaum. Wenn aber, dann kann es etwas unangenehm werden, vor allem wenn man gerade allein auf einem kleinen Pfad ist.

Wenn Sie einem oder mehreren Hunden begegnen, die anfangen, Sie zu bedrohen, dann drohen Sie am besten zurück. Richten Sie sich auf, schreien Sie sie an, indem Sie PAI!!! (Thai für: Hau ab! Das verstehen die meisten Hunde sehr gut) rufen und wenn das nichts nützt, dann bücken Sie sich und greifen Sie sich den größten Stein, den Sie gerade finden können. Oder einen Knüppel. Und selbst wenn da gerade kein Stein und kein Knüppel zur Hand sind, machen Sie diese Geste: Bücken, Aufheben und Ausholen. Die meisten Hunde haben es gelernt, dass unmittelbar danach ein Stein oder Knüppel geflogen kommt und suchen das Weite.

Die meisten Hunde sind allerdings sehr liebe und treue Wesen, wenn auch manchmal etwas verschlagen. Typische Thai-Hunde eben, wie man so sagt. Auch die gibt es nur in Thailand. Welcome to Thailand. Wenn Sie sie einmal auf der Veranda Ihres Bungalow füttern, werden Sie für den Rest Ihres Urlaubs nicht mehr von Ihrer Seite weichen und Ihnen gute, treue Gefährten sein.

Manche sehen allerdings recht ungepflegt aus und haben diverse Krankheiten. Wenn Sie sehr tierlieb sind, spendieren Sie so einem Hund doch einfach mal einen Gang zum Tierarzt, eine Wurmkur und ein wenig Pflege und Zuneigung. Schon so mancher Urlauber hat sich als Mitbringsel aus Thailand einen dankbaren Strand- oder Straßenhund mit nach Hause gebracht. Im Internet finden Sie die Bestimmungen und Mittel und Wege, die Sie einhalten müssen, um einen Hund bis nach Deutschland zu bekommen. Aber so schwierig oder teuer ist das alles nicht. Und es sind tolle Hunde, widerstandsfähig, treu, lieb und recht humorvoll.

- Katzen

Für Katzen gilt dasselbe, wie für Hunde auch: Sie sind allgegenwertig und wirklich clever. Da sie alle halbwild leben, sind sie wesentlich intelligenter als unsere heimischen Schmusekatzen. Außerdem sieht die hiesige Rasse etwas anders, etwas filigraner aus als die daheim.

Auch die Katzen werden sich auf Ihre Veranda legen und sich auch kaum davon beeindrucken lassen, wenn Sie einziehen. Es sind wirklich edle, stolze Wesen. Sie werden aber viele Exemplare treffen – und das gilt auch für die Nachbarländer – die einen deformierten Schwanz haben. Seien Sie deshalb aber unbesorgt. Viele denken, diese Deformationen wären von Menschenhand gemacht, sind sie aber nicht. Es sind genetische Missbildungen, unter denen die Katze eigentlich so gut wie nicht leidet.

Auch Katzen können Sie gerne mit in die Heimat nehmen, die Bestimmungen diesbezüglich sind ähnlich wie die für Hunde. Es sind wirklich tolle Haustiger. Aber wenn Sie eine Katze aus Thailand mitnehmen, dann sollten Sie diese nicht daheim als reine Hauskatze einsperren und halten. Thai-Katzen sind in absoluter Freiheit aufgewachsen und es ist Tierquälerei, Ihnen diese Freiheit zu rauben. Dann können Sie sie besser in Thailand lassen.

- Schlangen

Keine Sorge! Es gibt zwar enrom viele Schlangenarten in Thailand und mitunter gehören diese zu den giftigsten und größten der Welt, aber man trifft sie nur sehr selten. Nur wenn man auf sie trifft, sollte man nicht in Panik geraten und ein paar Regeln beachten.

Einer recht giftigen Schlange begegnet man noch relativ häufig, zumindest, wenn man nicht in einem teuren Strandresort, sondern in Dschungelnähe wohnt: Der sogenannten Königscobra. Diese Schlange hat zwar ein recht angenehmes und wenig aggressives Wesen, aber ihr Biss ist eben sehr giftig. Dasselbe gilt für die sogenannte Monokelcobra.

Solange man sie früh genug sieht, passiert nichts. Sie liegen schon mal unter kleinen Felsvorsprüngen herum oder streichen nachts durchs Unterholz. Aber wer ist nachts schon im Dschungel oder auf einer Kokosnussplantage unterwegs? Grundsätzlich sollte man das nicht tun, nicht nur wegen der Schlangen.

Manchmal verirren sich Schlangen auch bis in die eigenen vier Wände und entspannen sich hinter irgendwelchen Möbeln oder ähnlichem. Aber keine Panik! Keine Schlange ist je in Menschennähe gekommen, um uns anzugreifen. Wahrscheinlich hat sie sich dann nur dort abgelegt, weil es dort ruhig ist und sie dort in Ruhe ein paar Tage verdauen kann.

Was Sie dann nicht tun sollten, ist, sich ruckartig zu bewegen oder auf die Schlange zuzugehen. Gehen Sie langsam rückwärts aus dem Zimmer und schließen Sie, wenn möglich, die Schlange in dem Zimmer ein. Dann gehen Sie zu Ihrem Vermieter und der kümmert sich darum.

Grindsätzlich gilt das für alle Schlangen, denen Sie in Thailand begegnen könnten: Entfernen Sie sich langsam davon weg und, sofern die Schlange irgendwo in oder in der Nähe der Ferienanlage aufgetaucht ist, sagen Sie dem nächstbesten Verantwortlichen Bescheid. Auch wenn Sie keine Angst vor Schlangen haben und gerne mal einen näheren Blick riskieren würden – sparen Sie sich das, wenn Sie nicht genau wissen, was für eine Schlangenart Sie da vor sich haben. Viele sind nicht giftig, manche aber sehr. Und selbst ein Biss von einer nicht giftigen Schlange tut verdammt weh.

- Elefanten und Tiger

Elefanten in freier Wildbahn gibt es in Thailand nicht mehr, genauso wenig wie Tiger. Diese gibt es in den Nationalparks und dorthin können Sie auch reisen und Tagestouren mit einem erfahrenen Guide unternehmen. Es ist aber sehr selten, dass man wirklich mal einen Tiger sieht, denn diese Tiere sind nicht nur ausgesprochen scheu und so gut wie unsichtbar, wenn sie nicht gesehen werden wollen, sondern vor allem sind sie nachtaktiv. Und nachts rennt auch kein Guide mit Ihnen durch den Dschungel.

Jetzt kommt ein leidiges Thema, über das unter Reisenden viel diskustiert wird. Ich persönlich vertrete diesbezüglich eine radikale Meinung. Es geht darum, ob man sich Tiere – vor allem Elefanten und Tiger – in Gefangeschaft ansieht und – im Falle der Elefanten – auch noch auf Ihnen durch die Gegend reitet.

Ich persönlich finde es eine Schande, wenn man sich einen Touristenspaß daraus macht, zwei Stunden auf einem Elefanten zu reiten. Das Totschlagargument der Befürworter ist, dass es sich ja schließlich um arbeitslose, ehemalige Arbeitselefanten handelt, die sich so ihr Gnadenbrot verdienen. Und das mag auch sein, wenn es auch recht kurz gedacht ist. Aber es ist trotzdem Tierquälerei und ich finde, ausgemusterte Arbeitselefanten sollten gar nicht in der Situation sein, sich ihr Gnadenbrot überhaupt verdienen zu müssen. Und solange das Geschäft mit reitenden Touristen funktioniert, wird es auch nicht aufhören.

Dasselbe gilt für Tiger. Es gibt einige Tempel in Thailand, da kann man Tiger begaffen. Seltsamerweise kann man sich auch noch auf diese Tiger drauflegen und Fotos davon machen. Und da müsste auch dem größten Holzkopf eigentlich auffallen, dass da etwas nicht stimmen kann. Ein Tiger – auch ein Tempeltiger, der bei buddhistischen Mönchen lebt – der von einen Dutzend Touristen mit Kameras bedrängt, begrabscht und belagert wird und keine Gitterstäbe zwischen sich und diesen Eindringlingen hat, der müsste eigentlich hochgehen wie ein Rakete und würde mal ganz schnell selber für Ruhe sorgen. Kann er aber offensichtlich gar nicht, denn sonst würde er es garantiert auch tun.

Kürzlich wurde aufgedeckt, dass die Mönche die Tiger mit Opium ruhigstellen, und zwar so sehr, dass sie wirklich keine Tatze mehr krümmen, auch wenn man auf ihnen herumspringt und sie am Schwanz zieht. Die Mönche machen damit einen Riesenreibach, denn neben einer Eintrittsgebühr kostet jedes Foto mit einem Tiger auch noch 10 US Dollar – ein stolzer Preis in Thailand. Soviel verdient ein Arbeiter an einem halben Tag.

Also - ich finde: Finger weg von Bootcamps für Elefanten und Tiger! Lassen Sie diese stolzen Geschöpfe einfach in Ruhe.

- Hundertfüssler

Ich muss Sie darauf einfach hinweisen, denn Hundertfüssler sind Insekten, die direkt aus der Hölle kommen. Diese Mistviecher sind nicht nur schnell und wendig und lauern in den unmöglichsten Ecken, sondern sie sind zudem auch noch ausgesprochen aggressiv. Wenn die in einer Badezimmerecke sitzen und Sie betreten den Raum, dann kommen die direkt auf Sie zu gerast und blasen Attacke, anstatt sich wie alle anderen Tiere auch, die kleiner sind als der Mensch, einfach in Sicherheit zu bringen.

Das alleine wäre ja auch gar nicht so schlimm, wenn es auch erstaunlich ist. Nein, dass Problem ist, dass sie ziemlich giftig sind und ihr Biss derart Schmerz verursacht und Konsequenzen hat, dass Ihr Urlaub für mindestens eine Woche gelaufen ist. Schwindel, Ohnmacht und eine erstaunliche Schwellung, wo der Biss war, sind nur die ersten, unmittelbaren Folgen. Und Schmerz!

Also: Wenn Sie einem Hundertfüssler begegnen, suchen Sie bitte das Weite. Es ist wirklich besser so. Ich spreche aus Erfahrung.

- Spinnen und Skorpione

In dieser Liste müssen diese beiden Arten kurz auftauchen, weil viele
eine unbegründete Angst davor haben. Ich kann Sie aber beruhigen.
Weder Skorpione noch Spinnen sind in Thailand besonders giftig und
im Gegensatz zu einem Hundertfüssler muss man sie auch gar nicht
ernst nehmen. Ein Skorpionbiss schmerzt etwas mehr als ein
Wespenstich und die hiesigen Spinnen sind Beute, keine Jäger. Machen
Sie sich keine Gedanken darüber.

- Mosquitos

Last, but not least – Mosquitos! Ich nenne sie bewusst nicht Mücken,
denn das hört sich so verniedlichend an. Denn ein paar Mücken bei
einem Grillfest in der Eifel sind vielleicht etwas lästig, aber hiesige
Mosquitos sind eine Plage.

Es gibt hier eigentlich grob unterteilt zwei Arten von Mücken: Die
Tagesmücken und die Nachtmücken. Vor allem die Nachtmücken gibt
es stellenweise in rauen Mengen. Die liebste Tageszeit beider Arten ist
zur Morgen- und Abenddämmerung. Und die Nachtmücken sind
vielleicht lästig und stechen einen wund, aber die Tagesmücken sind
zumeist die sogenannten Tigermücken. Die werden so genannt, weil sie
schwarz-weiß gestreift sind. Und diese Gattung kann das oft genannte
Dengue übertragen. Und Dengue wollen Sie im Urlaub bestimmt nicht
haben, denn dieser ist dann erstmal gelaufen.

Es gibt tausend Rezepte, Mittel und Wege, um sich gegen Mosquitos zu
schützen. Ich persönlich habe den Kampf weitesgehend aufgegeben und
überlasse mich meinem Schicksal und mache es wie die Einheimischen.

Touristen versuchen Mosquitos mit einer chemischen Mückenabwehr,
die man auf die Haut schmiert, beizukommen. Die gibt es von rein
biologisch auf Zitrusbasis bis zu hochtoxisch aus dem Bayer-Arsenal in

Dutzenden von Ausführungen in jedem Shop zu kaufen. Wirklich helfen tun die allerdings auch nicht, wenn man sich die Ergebnisse mal genauer ansieht. Die Thais verzichten weitesgehend darauf und ich selbst benutze sie schon lange nicht mehr.

Was ein bisschen hilft, wenn man abends auf der Veranda oder in der Bar gemütlich ein Bier trinken will, sind sogenannte Mosquito-Coils. Das sind Spiralen, die wie ein großes Räucherstäbchen langsam abbrennen und deren Gestank die Viecher ein bisschen abhält. Allerdings sind auch diese hochtoxisch und man selbst setzt sich auch diesen Dämpfen aus.

Für einen halbwegs ruhigen Schlaf gibt es zwei ganz gut funktionierende Mittel. Entweder, man hat ein Mosquito-Netz über dem Bett, welches dann aber auch dicht schließen muss und keine Löcher aufweist, oder man stellt einen Ventilator so ein, dass er halbwegs kräftig über das Bett und den Körper bläst. Dann können die Mosquitos nicht auf einem landen und sich in Ruhe vollsaugen. Ich persönlich bevorzuge den Ventilator, aber ein Mosquito-Netz ist gerade für Pärchen etwas recht romantisches. Hat was von einem Himmelbett.

Letztendlich sollte man sich von dem ganzen Getier nicht den Urlaub verderben lassen. Das, was darüber geschrieben wird, hört sich schlimmer an, als es tatsächlich ist. Vergessen Sie Schlangen, Skorpione, Hunderfüssler und reudige Hunde einfach wieder. Es ist recht unwahrscheinlich, dass Ihnen etwas in der Richtung passiert. Das größte Problem, welches mit Tieren zusammenhängt, ist tatsächlich das durch die Mosquitos übertragene Dengue. Die Zahlen diesbezüglich gehen weltweit durch die Decke, nicht nur in Thailand (siehe Kapitel ´Krankheiten in Thailand´).

Krankheiten in Thailand

Über Krankheiten will nun wirklich keiner etwas hören, wenn er in den Urlaub auf eine tropische Trauminsel fährt, aber ein paar Tipps zur Gesundheit in Thailand möchte ich Ihnen hier trotzdem geben. Diese dienen eher der Prävention denn des Ausmalens unendlicher Schrecken und Leiden. Und vor ein paar medizinischen Angelegenheiten sollten Sie sich einfach ein bisschen besser in Acht nehmen als daheim.

- Mosquitostiche

Mückenstiche sind schon daheim lästig und jucken, aber hier noch ein bisschen mehr, weil Ihrem Körper die Sekrete, die die Mosquitos hier beim Aussaugen ausscheiden, fremd sind und er deshalb etwas empfindlicher reagiert.

Das ist den Thais selber natürlich auch nicht fremd und deshalb finden Sie in jedem Shop und in jeder Apotheke sehr preiswerte, kleine, meist grün-weiße Döschen. Darin ist eine wachsartige, pfefferminzig riechende Masse, welche Sie einfach auf die juckenden Stellen schmieren. Wenn Sie das Produkt nicht auf Anhieb finden, fragen Sie bitte das Personal und zeigen Sie auf ihre juckenden Mückenstiche. Jeder weiß sofort, was geiment ist und was Sie brauchen. Die Salbe kostet nur Pfennigbeträge und Sie können das handliche Döschen in jeder Hosentasche mit sich führen.

Versuchen Sie es unbedingt zu vermeiden, die Mückenstiche solange zu kratzen, bis es anfängt zu bluten, denn dann besteht die Gefahr einer...

- Infektion

Mit Infektionen ist in Thailand wirklich nicht zu spaßen. Alles, aber auch noch die kleinste offene Wunde, müssen Sie unbedingt regelmässig und von Anfang an sorgfältig reinigen und desinfizieren. Glauben Sie mir, ich spreche aus Erfahrung und wollte es vorher auch nicht glauben. Aber aus kleinen, harmlosen Kratzern können Infektionen entstehen, die Sie unter Umständen das Leben kosten, wenn diese einmal mit fleischfressenden Viren oder hocheffizienten Bakterien befallen sind. Denn wenn das einmal passiert, dann haben Sie einen langen Kampf mit hohdosierten Antibiotika und chirurgischen Eingriffen vor sich. Ich selbst hätte deshalb schon fast ein Auge und meinen rechten Fuß verloren und bin einer tödlichen Sepsis nur um Haaresbreite entgangen.

Wenn Sie kleine Wunden haben – und das werden Sie ganz sicher – dann desinfizieren Sie diese zwei- bis dreimal täglich mit Jod-Tinktur. Auch diese kriegen Sie (in meist orangefarbenen Fläschchen) in jedem Shop und in jeder Apotheke für ein paar Cent. Sie sollten unbedingt immer eine davon auf dem Zimmer oder in der Handtasche haben.

Wir sind hier in den Tropen und hier wächst nicht nur der Wald und Reis schneller und üppiger als in den kalten Gefilden daheim, sondern auch alles, was man nur unter einem Mikroskop beobachten kann. Vor allem Viren und Bakterien nisten sich in offenen Wunden ein wie im Schlaraffenland. Wenn Sie größere Wunden haben, vermeiden Sie es bitte für ein paar Tage ins Meer zu gehen.

- Erkältungen

Sich hier eine ordentliche Erkältung zuziehen zu können, hört sich vielleicht im ersten Moment ziemlich absurd an. Aber Sie werden sich wundern.

Wie man sich in den Tropen, wo konstant zwischen 25 und 30 Grad Celsius herrschen, eine Erkältung zuziehen kann, fragen Sie sich? Nun, ganz einfach! Da, wo in Deutschland im Winter geheizt wird, wird in diesen Breiten gekühlt – ganzjährig. Jeder Bus, jedes Einkaufszentrum, ja, jeder 7/11 auf dem Land wird klimatisiert.

Das Problem ist, dass die Thais oft nicht nur ein bisschen klimatisieren, damit es nicht brütend heiss, sondern angenehm warm ist, sondern Sie Räumme und vor allem Busse absurd weit runterkühlen, so weit, dass man auf einmal wieder merkt, wie kalt Kälte eigentlich ist. Und dann kommen Sie mit einem durchgeschwitzen, feuchten Shirt in den Bus und sitzen so 5 Stunden auf einer Überlandfahrt. Und genau so erkältet man sich hier. Und das auch nicht gerade wenig oder selten.

Ich sellbst lerne es nie und mir passiert das mindestens zweimal im Jahr, weil ich bei der ständigen Hitze dauernd vergesse, wie kalt Kälte sein kann. Ich steige dann eben auch verschwitzt in den nächsten Bus und weiß bereits nach einer Stunde, dass ich am nächsten Tag eine veritable Erkältung haben werde, die mich für gut 3 Tage ans Bett fesseln wird.

Deshalb mein Rat: Wann immer Sie in einen Bus, einen klimatisierten Zug oder in ein Flugzeug steigen, nehmen Sie sich in Buddhas Namen eine leichte Decke oder einen Pullover mit. Selbst, wenn Sie diese nicht brauchen, sind Sie ausgerüstet. Denn wenn Ihr Gepäck einmal verstaut ist und Sie merken, dass es zu kalt ist, ist es leider auch zu spät.

- Dengue

Dengue ist eine wirklich furchtbare Krankheit – die Sie aber überleben werden, solange Sie kein Säugling oder Greis sind. Es gibt außerdem vier Arten von Dengue und mit jeder können Sie sich genau einmal anstecken, bevor der Körper Abwehrkräfte dagegen entwickelt. In 70 Prozent der Fälle, verläuft ein Dengue relativ harmlos, wenn auch sehr lästig. Man liegt eben ein paar Tage im Bett und leidet wie ein Hund.

Wenn man aber die schwere Form erwischt hat, dann wird es wirklich ungemütlich. Selbst baumstarke Männer müssen dann ins Krankenhaus und unbedingt an einen Tropf wegen der drohenden Dehydrierung. Ansonsten kann man eh nichts dagegen tun und man muss da einfach durch.

Aber je nach Konstitution des Körpers kommt es eben zur besagten Dehydrierung, sehr hohem Fieber, Schüttelfrost, dass einem fast die Knochen brechen, Delirien, inneren Blutungen, vor allem im Bauchbereich und – als Spätfolge – zu Haarausfall. Und das sind nur einige der gängigen Symptome.

Ein Dengue ist wirklich keine schöne Krankheit. Die schwere Form davon spielt in derselben Liga wie Malaria, ist aber nicht chronisch. Schützen kann man sich vor Dengue noch nicht – obwohl die Forschung diesbezüglich in verschiedenen Richtungen durchaus seit einigen Jahren Erfolge erzielt.

Wenn man es bekommt, und das ist nur durch einen Bluttest einwandfrei feststellbar, dann muss man da einfach durch. Aber denken Sie mal so: Wer kann in Deutschland schon von sich behaupten, eine veritable Tropenkrankheit gehabt und ausgestanden zu haben. Auf jeden Fall haben Sie so immer etwas zu erzählen.

Ich selbst hatte schon zwei Dengues – allerdings noch nie die wirklich schlimme Variante und ich konnte das immer zu Hause aussitzen. Und ich lebe auch noch. Ich denke mir einfach, man kann es sowieso nicht verhindern, denn die Mikroorganismen sind einfach in der Überzahl und haben die bessere Überlebensstrategie und gedeihen vor allem in den Tropen ganz hervorragend. Deshalb lasse ich mir von ihnen meinen Platz hier aber auch nicht streitig machen.

Die Liste der Krankheiten ist lang, aber ich wollte Ihnen nur mal ein paar Tipps für die Üblichen mit auf den Weg geben. Aber lassen Sie sich von den Gedanken an Tropenkrankheiten nicht davon abbringen, nach

Thailand zu reisen. Denn sind wir ehrlich: Krankheiten sind überall und der Mensch mit all seiner Weisheit und Tücke ist ihnen bisher nicht gewachsen – weder in den Tropen noch daheim. Und wenn Sie hier etwas bekommen, das Sie selbst nicht auskurieren können, wenden Sie sich bitte an die einheimischen Ärzte oder Apotheker. Die kennen sich besser damit aus als ein Tropeninstitut in Deutschland. Es sind ja schließlich auch einheimische Krankheiten.

Umgang mit Behörden in Thailand

Wenn Sie nur einen Kurzurlaub von zwei oder drei Wochen in Thailand verbringen, ist es recht unwahrscheinlich, dass Sie mit irgendwelchen Behörden in Kontakt kommen. Außer am Flughafen, wo Sie durch den Zoll und die Passkontrolle müssen, werden Ihnen keine bürokratischen Knüppel zwischen die Beine geworfen, es sei denn, Sie haben vielleicht mal mit der Polizei zu tun.

- Polizei

Wenn Sie mit der Polizei zu tun haben, kann das eigentlich nur zwei Gründe haben: Entweder Sie kommen in eine der spontanen Kontrollen (siehe Kapitel ´Motorradfahren in Thailand´) oder Sie möchten selbst etwas anzeigen, wenn Sie zum Beispiel bestohlen wurden.

Sie müssen wissen, dass in diesen Fällen zwei verschiedene Arten von Polizei zuständig sind. Auf der Straße werden Sie der Royal Thai Police, also der königlichen Staatspolizei begegnen und eventuell mit ihnen in Kontakt kommen. Wenn Sie sich als Tourist wegen irgendetwas beschweren möchten oder zum Beispiel bestohlen wurden und eine Anzeige erstatten wollen, dann müssen Sie sich an die extra dafür eingerichtete Tourismus-Polizei wenden. Letztere ist wesentlich geübter im Umgang mit Touristen und deren Problemen und die Herren und Damen sprechen zudem mehr oder weniger fließend Englisch. Das können Sie von einem ´normalen´ Polizisten nicht unbedingt erwarten.

Das Auftreten der Polizei wirkt für deutsche Verhältnisse immer etwas drakonisch. Das liegt zu einem großen Teil an den Uniformen, die wesentlich militärischer wirken, sehr eng geschnitten sind und meistens mit hohen Stiefeln getragen werden. Da bekommt man schon ein schlechtes Gewissen, wenn die nur neben einem an der

Supermarktkasse anstehen. Außerdem unverzichtbar für jeden Thai-Policeman: Seine unfassbar coole Sonnenbrille.

Außerdem treten die Polizisten sehr selbstbewusst auf und sprühen nicht gerade vor Humor und Charme. Aber keine Sorge. Sie haben ja nichts zu befürchten. Aber wenn Sie mit der Polizei warum auch immer in Konatkt kommen, bleiben Sie bitte höflich, ruhig und zeigen Sie angemessenen Respekt. Das wird Ihnen das Leben wesentlich einfacher machen. Denn wenn Sie zum Beispiel meinen, Ihnen wird Unrecht getan und deshalb laut herumschreien und einen Polizisten respektlos behandeln, kann die Situation sehr unschön werden – für Sie, selbst wenn Sie Recht haben.

Thais mögen es nicht, wenn man laut wird. Außerdem ist ein Polizist eine unbedingte Respektsperson und auch als solche zu behandeln, auch wenn er oder sie im Unrecht ist. Das ist etwas anders als in Deutschland. In Deutschland könnte man einem Polizisten noch vor die Füße spucken und es würde wahrscheinlich keine Konsequenzen haben. In Thailand wird das etwas anders gehandhabt.

Aber seien Sie unbesorgt. Es ist alles halb so schlimm, wie es sich jetzt vielleicht angehört hat. Nochmal: Der Trick ist, der Polizei mit Respekt, ja, fast mit Unterwürfigkeit zu begegnen, wenn man etwas von ihnen will oder einfach nur so wenig wie möglich mit ihnen zu tun haben will.

Wenn Sie an einen Polizisten herantreten, dann legen Sie am besten die Händflächen aufeinander und begrüßen ihn mit der typisch asiatischen Geste. Es reicht, wenn Sie die Hände dabei in Höhe des Brustbeins halten. Nur bei einem Buddhabild, einem sehr heiligen Mönch oder dem König werden die Hände bis zur Stirn oder höher geführt. Und sprechen Sie ruhig und höflich mit ihm, dann wird alles gut.

- Einwanderungsbehörde und Grenzbeamte

Wer länger in Thailand bleiben will, der muss sich mit
Visabestimmungen und den Einwanderungsbehörden
auseinandersetzen. Und wie jeder, der hier schon länger lebt, weiß, kann
man alleine darüber ein ganzes Buch füllen, deshalb gehe ich hier nicht
zu sehr ins Detail. Die genauen Bedingungen für Visa und die erlaubte
Aufenthaltsdauer können Sie an anderer Stelle im Netz gut
recherchieren. Ich möchte Ihnen nur ein paar Ratschläge geben, wie Sie
sich verhalten, wenn Sie mit den zuständigen Behörden in Kontakt
treten.

Auch die Einwanderungsbehörde unterliegt einer spezieller Sparte der
Polizei. Somit ist jeder, dem Sie auf einem Einwanderungsbüro oder an
der Grenze begegnen, ebenfalls ein Polizist oder zumindest in
Polizeidiensten und dementsprechend sollten Sie immer ruhig, höflich
und respektvoll sein. Denn eins sollten Sie bedenken: Sie kommen als
Bittsteller auf die Behörde oder an die Grenze, SIE möchten ein neues
Visum oder eine Verlängerung für ein bereits bestehendes beantragen
oder erneut ins Land einreisen. Und Rechte im Sinne eines deutschen
Rechtstaates haben Sie hier nicht wirklich. Der Beamte kann Ihnen auch
einfach das Visum verweigern, wenn Sie ihm oder ihr dumm kommen.
Das ist gewöhnungsbedüftig, aber so ist das eben, wenn man nicht im
eigenen Land lebt, in dem man seine Rechte kennt.

Ich sehe immer wieder sogenannte Rucksackreisende, meistens sehr
jung, die kommen für ein paar Monate nach Thailand und meinen, hier
sei das gelobte Land für Hippies. Sie lassen sich die Haare am ganzen
Körper wachsen, waschen kaum noch ihre zerissenen Strandklamotten
und laufen nur noch barfuß herum. Das ist am Strand ja auch alles gut
und schön, aber wenn man so in eine Einwanderungsbehörde
marschiert und sich ganz cool und hippieesk an den Tresen lehnt und
dabei etwas müffelt, finden die thailändischen Behörden das gar nicht
witzig. Sie empfinden das als äußerst respektlos und ich habe schon in
so manches dumme Gesicht eines solchen Rucksackreisenden gesehen,

der seinen Rucksack gleich packen und nach Hause fliegen konnte, weil er sein Visum nicht bekommen hat.

Ich bin der Letzte, der etwas gegen einen freigeistlichen Lebensstil und einen lockeren Lebensstil hat. Dieser gehört in Thailand aber an den Strand und sollte bei der Einwanderungsbehörde nicht unbedingt so offensichtlich zur Schau getragen werden. Denn auch wenn viele meinen, Thailand sei ein so freigeistliches Land – die Behörden sind alles andere als das. Im Gegenteil: Sie sind sogar recht konservativ, selbst für urdeutsche Verhältnisse.

Wenn Sie also zu den Glücklichen gehören, die tatsächlich mehrere Monate in Thailand bleiben könnten, dann schauen Sie zu, dass Sie sich das nicht selbst versauen, weil man Ihnen kein Visum mehr geben will. Mit Freundlichkeit, ein paar netten Worten und einem repektvollen Auftreten haben Sie dabei wesentlich weniger Schwierigkeiten.

- Ärzte

Ein Arztbesuch ist nicht unbedingt ein Behördengang, aber ich möchte doch ganz kurz etwas dazu sagen.

Ärzte in Thailand sind keine Buschdoktoren oder Schamanen, sondern habe lange und hart und für sehr viel Geld Medizin studiert. Dementsprechend angesehen sind Sie in der Gesellschaft auch. Und sie lieben es, wenn man sie als Farang mit dem nötigen Respekt behandelt und nicht von oben herab.

Sollten Sie einmal zum Arzt müssen, beherzigen Sie das bitte. Die Behandlung wird dann wesentlich besser und angenehmer und nicht selten sogar preiswerter. Wenn Sie sich wie ein Arsch aufführen, wird man Sie auch wie einen behandeln, um es deutlich zu sagen. Und der Ausbildungsstandard der hiesigen Ärzte ist mindestens mit dem in

Deutschland zu vergleichen. Einige der besten Spezialkliniken der Welt finden sich in Thailand!

Das Königshaus in Thailand

Kein Ratgeber über Reisen in Thailand kommt ohne ein eigenes Kapitel zum Königshaus aus. Denn auch wenn es uns etwas befremdlich erscheint, weil wir es eher gewohnt sind, Monarchen und ähnlichen Autoritäten gegenüber kritisch zu sein, trifft das für die Thais in weitesten Teilen der Bevölkerung nicht zu. Die Thais verehren ihren derzeitigen König Bhumibol wie einen Halbgott. Und ganz ehrlich: Ich persönlich finde, er ist ein großartiger, weiser König und auch als Privatperson wirklich beeindruckend und sehr sympathisch.

Er ist sehr vielschichtig in seinem Wesen und auch in der Art und Weise, wie er politisch denkt. Seine Entscheidungen und Meinungsäußerungen sind immer gut durchdacht und weisen in die Zukunft. Privat ist er glücklich mit seiner Königin Sirikit verheiratet, der Tochter des damaligen thailändischen Botschafters in Frankreich, die er in Paris kennen lernte. Auch Sirikit wird von den Thais abgöttisch verehrt.

Der König hat eine Goldmedaille im Segeln bei den Asiaspielen gewonnen, ist leidenschaftlicher Jazz-Saxophonist und Komponist und hat schon mit Benny Goodman und anderen Jazzgrößen zusammen gespielt, er ist seit seiner Jugend ein talentierter Fotograf, hat ein Glasauge wegen eines Autounfalls, den er als Student in Lausanne hatte und hat auf dem Feld der Agrartechnik einige Erfindungen zum Patent angemeldet. Diese Techniken hat er seinem Volk, also den Bauern, geschenkt, damit sie ihre Erträge steigern können.

Er ist der ´dienstälteste´ Monarch der Welt (noch vor Königin Elizabeth II) und gilt auch als einer der reichsten. Als er gesundheitlich noch nicht so angeschlagen war, hat er große Teile des Jahres damit verbracht, durch das land zu reisen und sich mit den Menschen zu treffen und zu unterhalten. Dabei hat er der Landbevölkerung immer ganz besondere Aufmerksamkeit zu Teil werden lassen und sich bei ihnen aus erster

Hand informiert, was gut läuft und was verbessert werden muss. Aber er hat auch regelmäßig die Universitäten besucht und sich mit den Studenten ausgetauscht. Mit anderen Worten: Er hat sich seine Meinung nicht vom hohen Ross beziehungsweise vom Thron aus gebildet, sondern im Austausch mit den Menschen, die in der ganz realen Ist-Welt in Thailand leben. Das tun nicht viele Könige.

Übrigens sind die Geburtstage des Königs und der Königin sehr hohe Feiertage in Thailand. Bhumibol feiert jedes Jahr am 5. Dezember Geburtstag, Sirikit am 12. August. Verheiratet sind die beiden seit dem 28. April 1950.

Politisch hat er eigentlich nichts zu sagen und mischt sich auch nur selten in die politischen Tagesgeschäfte ein. Seit einigen Jahren hat der mittlerweile 88-jährige Monarch, der aus der Chakri-Dynastie stammt, so sehr mit seiner angeschlagenen Gesundheit zu kämpfen, dass er die Energie dafür auch gar nicht aufbringen könnte.

In der Vergangenheit war es allerdings stets so, dass grundsätzlich das Miltär auf seiner Seite stand. Und das Militär ist die eigentliche Schattenmacht des Landes, wobei Sie nun seit einigen Jahren auch ganz offiziell die Regierung stellt. Das Militär ist königstreu, wobei er sich auch schon mal in der Vergangenheit von ihm distanziert hat. Aber wenn immer es in der politischen Landschaft anfing chaotisch zu werden oder Thailand vor schwierige Problemen stand, galt die Meinung des Königs als die wichtigste und man befolgte seine Ratschläge, wobei ihm selbst das nicht unebdingt immer ganz geheuer war. Er war und ist stets bemüht, dass das Volk demokratischer denkt und nicht monarchistisch.

Er ist ein sehr kritischer, auch selbstkritischer Mensch, der dem Land neben der vor allem ländlichen und universitären Entwicklung auch unbedingt die Demokratie schenken will. Und letzteres will er sogar mehr als die Bevölkerung selber, macht es manchmal den Eindruck. Wenn es nach dem Großteil der Thais ginge, würde ihr König als aboluter Herrscher am besten für sie die Entscheidungen treffen. Denn alles, was er in seiner mittlerweile 70-jährigen Regentschaft für sein Land und für sein Volk getan und entschieden hat, hat das Leben der Thais besser gemacht. Wenn es nach den Thais ginge, müsste ihr König außerdem unsterblich sein und sie können sich gar nicht vorstellen, wie ein Leben ohne ihn aussähe. Er ist wie ein Übervater für die Thais – und sie sind alle seine Kinder. Und er will eigentlich weniger herrschen, als die Thais von ihm geführt werden wollen.

Er selbst hat seiner Regenschaft einmal das Motto gegeben: *Ich werde das Land einzig zum Vorteil seiner Menschen regieren.* Zugegeben, das haben andere Könige und Politiker auch schon von sich behauptet, aber kaum einer hat dieses ehrbare Ziel auch tatsächlich konsequent und selbstlos verfolgt. König Bhumibol hingegen hat seine eigenen Ratschlag immer beherzigt.

Er musste auch schon mal sehr unbequeme Entscheidungen treffen und Situationen meistern, wie zum Beispiel beim Massaker von 1992, als das Militär Hunderte von Demonstranten auf offener Straße erschoss. Auch die Entscheidung, dass die Amerikaner Thailand als Stützpunkt während des Vietnamkrieges nutzen durften, dürfte ihm nicht leicht gefallen sein. Aber er wollte sein Land und dessen Menschen davor bewahren, in diesen Krieg mit hineingezogen zu werden und wollte ebenso verhindern, dass auch hier irgendwelche Steinzeitkommunisten wie in Kambodscha ihr Unwesen treiben konnten. Solchen Entscheidungen kann man kritisch gegenüber stehen, weise und mit Weitblick bedacht waren sie mittel- und langfristig dennoch.

Wenn Sie noch mehr über das Thailändische Königshaus und seinen Monarchen erfahren wollen, lesen Sie dazu bitte weiterführende Literatur. Ich möchte Sie an dieser Stelle nur unbedingt noch darauf hinweisen, dass Majestätsbeleidigung in Thailand recht drakonisch bestraft wird und von rechtswegen auch verboten ist.

Sie werden in jedem Haus, in jedem Shop und an jeder Straße große und kleine Bilder und Plakate des Königs und der Königin finden. Diese müssen die Menschen nicht aufhängen, sondern sie wollen das. Wie gesagt, König Bhumibol und seine Sirikit werden abgöttisch (und völlig freiwillig) vom Volk verehrt. Deshalb sollten Sie jedem Bild des Königs und der Königin ebenso viel Respekt zollen, wie Sie es bei Bildnissen des Buddhas auch tun. Zeigen Sie nicht mit dem Finger darauf, wenden Sie Ihre Füße nie in die Richtung und machen Sie sich niemals darüber lustig.

Sparen Sie sich auch jegliche Diskussion mit einem Thai über Sinn und Unsinn einer Monarchie oder eines Königs. Äußern Sie nie etwas kritisches zum Thailändischen Königshaus – das geht gar nicht. Unter Umständen kommen Sie dafür ins Gefägnis oder werden geteert, gefedert und aus der Stadt gejagt.

(Es gibt dazu eine sehr verbreitete Anekdote, die jeder Farang, der schon länger in Thailand lebt, schon mal gehört hat. Nach dieser hat sich ein völlig betrunkener Farang - es heißt, es war ein Schweizer – mal im Vollsuff folgenden Faupax erlaubt: Betrunken und enthemmt wie er war, hat er eines von diesen Bildern des Königs von der Wand gerissen, auf den Boden geworfen, drauaf herumgetanzt und zu allem Überfluss zum Schluss auch noch darauf gepinkelt. Die Polizei konnte eine aufgebrachte Dorfgemeinschaft nur mit Mühe davon anhalten, den Farang nicht auf der Stelle zu lynchen und im Dschungel zu verscharren. Stattdessen warf man ihn ins Gefägnis und verurteilte ihn zu einer mehrjährigen Haftstrafe in Thailand. Allerdings hat der König selbst ihn nach einigen Wochen dann begnadigt, ihm aber geraten, das Land so schnell es geht zu verlassen – zu seinem eigenen Schutz, denn nochmal würde er ihn nicht retten können.)

Ob die Anekdote wahr ist, weiß ich nicht. Ich habe sie aber schon oft gehört und ihr Inhalt und auch die Reaktion des Königs selbst passen aber genau zu dem Bild, welches ich mir selber zu den Thais und ihrem König gemacht habe.

Der König selber findet es übrigens gar nicht so toll, dass ihn keiner kritisieren darf. Er selbst sagte in seiner Geburtstage 2005 vor dem Volk diesbezüglich: „Wenn man sagt, der König darf nicht kritisiert werden, würde das bedeuten, dass der König nicht menschlich ist. … Wenn der König keine Fehler machen kann, ist es, als würde man auf ihn herabsehen und ihn nicht als ein menschliches Wesen behandeln. Aber der König kann Fehler machen."

Zu guter Letzt

Ich möchte diese Schrift mit einem kleinen Zitat von Martin Krengel beschließen: ´Die Kunst des Reisens ist nicht das Planen, sondern das Tun!´ Und das ist auch das Letzte, was ich Ihnen mit auf die Reise nach Thailand geben will: Es ist gut, informiert zu sein, es ist schön, wenn man sich schon ein bisschen auskennt, bevor man in ein Land wie Thailand reist. Aber alle Informationen – auch nicht diese, die ich Ihnen hier aus erster Hand geliefert habe – bereiten Sie auf das Reisen selber vor.

Behalten Sie die Informationen und Ratschläge vielleicht lediglich im Hinterkopf. Denn wenn Sie reisen, sollten Sie den Kopf immer frei haben für neue Eindrücke, was die Welt und auch Sie selber angeht. Das einzige, was diese Informationen und Ratschläge tun können, ist ein wenig dafür zu sorgen, dass Sie ohne ein Brett vor dem Kopf verreisen und entdecken, erkunden und genießen. Denn Wissen macht frei. Und zu reisen macht freier! Viel Spaß dabei!

Impressum

Geschäftsanschrift Herausgeber:

Uwe Klein

Libanonstrasse 85
70186 Stuttgart

mail@marketing-tipps24.info

ISBN-13: 978-1537697277

DISCLAIMER

Die Inhalte dieses Buches wurden mit größter Sorgfalt erstellt. Für die Richtigkeit, Vollständigkeit und Aktualität der Inhalte können wir jedoch keine Gewähr übernehmen.

Dieses Buch enthält Links zu externen Webseiten Dritter, auf deren Inhalte wir keinen Einfluss haben. Deshalb können wir für diese fremden Inhalte auch keine Gewähr übernehmen. Für die Inhalte der verlinkten Seiten ist stets der jeweilige Anbieter oder Betreiber der Seiten verantwortlich.

Die verlinkten Seiten wurden zum Zeitpunkt der Verlinkung auf mögliche Rechtsverstöße überprüft. Rechtswidrige Inhalte waren zum Zeitpunkt der Verlinkung nicht erkennbar. Eine permanente inhaltliche Kontrolle der verlinkten Seiten ist jedoch ohne konkrete Anhaltspunkte einer Rechtsverletzung nicht zumutbar. Bei Bekanntwerden von Rechtsverletzungen werden wir derartige Links umgehend entfernen.

1. Auflage 2016

[60]

Made in the USA
Monee, IL
07 July 2026

56551532R00036